클린 컴퍼니

클린 컴퍼니

발행일	2016년 1월 5일

지은이	김 기 현		
펴낸이	손 형 국		
펴낸곳	(주)북랩		
편집인	선일영	편집	김향인, 서대종, 권유선, 김성신
디자인	이현수, 신혜림, 윤미리내, 임혜수, 최연실	제작	박기성, 황동현, 구성우
마케팅	김회란, 박진관, 김아름		
출판등록	2004. 12. 1(제2012-000051호)		
주소	서울시 금천구 가산디지털 1로 168, 우림라이온스밸리 B동 B113, 114호		
홈페이지	www.book.co.kr		
전화번호	(02)2026-5777	팩스	(02)2026-5747

ISBN	979-11-5585-826-4 03320(종이책)	979-11-5585-827-1 05320(전자책)

이 도서의 국립중앙도서관 출판예정도서목록(CIP)은 서지정보유통지원시스템 홈페이지(http://seoji.nl.go.kr)와
국가자료공동목록시스템(http://www.nl.go.kr/kolisnet)에서 이용하실 수 있습니다.
(CIP제어번호 : CIP2015036241)

성공한 사람들은 예외없이 기개가 남다르다고 합니다.
어려움에도 꺾이지 않았던 당신의 의기를 책에 담아보지 않으시렵니까?
책으로 펴내고 싶은 원고를 메일(book@book.co.kr)로 보내주세요.
성공출판의 파트너 북랩이 함께하겠습니다.

클린 컴퍼니

부정 감사 전문가가 제안하는 **기업 내부통제 실전 매뉴얼**

CLEAN
COMPANY

김기현 지음

믿고 맡겨라.
하지만 반드시 확인하라!

중소기업에서 즉시 활용 가능한
16 가지의 부정 적발 및 예방 체크리스트!

북랩 book Lab

저는 유명한 경영 컨설턴트나 기업의 경영자는 아닙니다. 저는 민간기업의 감사인입니다. 횡령, 뇌물수수와 같은 기업 내 소수 임직원의 부정부패 행위를 적발하고 예방하는 것이 제가 하는 일입니다. 우선 저의 미흡한 첫 책을 읽어 주시는 독자 여러분께 진심으로 감사드립니다.

몇 년 전 제가 아끼던 한 후배가 경영하던, 작지만 건실한 회사가 부도가 나 문을 닫게 되는 일이 있었습니다. 갑작스러운 부도로 후배는 신용불량자로 전락하였고 회사 설립 때부터 후배와 동고동락하며 성실하게 회사를 성장시켜 왔던 후배의 친구들이자 직원들은 하루아침에 직장을 잃었습니다. 이 모든 일이 경력으로 갓 입사한 직원 한 명의 횡령으로 인해 시작되었습니다.

그 일련의 과정을 옆에서 지켜보면서 중소기업의 내부통제장치가 심각할 정도로 취약하다는 사실을 알게 되었습니다. 대기업처럼 별도의 감사팀을 운영하는 것은 꿈도 꿀 수 없고 직원들의 업무가 상호 견제가 되도록 내부통제 절차를 제대로 갖추는 것조차 중소기업에서는 사치라는 것도 알게 되었습니다. 또한 기술과 열정으로 사업을 성공적으로 일으키기는 했으나 회사를 더욱 견실히 유지하고 더 크게 성장시키는 방법에 어려움을 느끼는 중소기업 경영자분들이 많다는 것을 알게 되었습니다.

이 책은 한국 중소기업의 현실을 감안하여 경영자 또는 관리자가 큰 비용을 들이지 않고도 업무에 즉시 적용할 수 있는 임직원의 부정 적발법, 부정 방지를 위한 내부통제 기법 등을 소개합니다. 제가 10년간의 감사 실무를 하면서 체득한 경험과 내부통제관리체계, 감사 관련 국제 협회(ACFE, IIA)의 선진 부정 관리 체계와 해외의 내부통제 관련 서적들에서 중소기업에서 즉시 활용 가능한 기법 등을 모아 16가지의 부정 방지 체크리스트를 만들었습니다. 중소기업의 경영자나 관리자가 이 체크리스트를 이용하여 스스로 점검하다 보면 자연스럽게 내부통제 체계가 잡힐 수 있도록 고안하였습니다.

부디 한국의 훌륭한 중소기업들이 이 책을 통해 사내 부정 사고를 방지하고 더욱 내실 있고 강한 기업으로 국제 무대에서 크게 활약할 수 있게 되기를 진심으로 바랍니다.

| 차례 |

작가의 말 / 4
프롤로그 / 8

제1장   ● 01 순진한 경영 전략 / 19
기업 부정에 관한   ● 02 부정으로 사라지는 돈 / 23
불편한 진실   03 착한 사람들이 저지르는 부정 / 27
04 신뢰의 함정 / 31
05 깨진 유리창의 법칙 / 35
06 부정 중독 / 39
07 썩은 사과 한 개 / 43
08 부정은 항상 우리 곁에 있다 / 46
09 근무 기간과 부정 / 49
10 인센티브와 부정 / 52
11 소셜미디어와 기업 부정 / 56
12 뇌물 비즈니스의 종말 / 60

제2장   ● 01 직업 부정의 종류 / 65
부정의 이해   ● 02 직원들은 왜 부정을 저지르는가? / 67
03 전형적인 부정 행위자 / 79

제3장 ● ▣ 조직 자가 진단 / 87

부정 뿌리 뽑기 ● 01 채용 부정 방지법 / 93

02 현금 절도 방지법 / 106

03 현금 매출 축소 은폐 횡령 방지법 / 114

04 매출채권 및 매입채무 빼돌리기 방지법 / 123

05 급여 횡령 방지법 / 128

06 구매 부정 방지법 / 141

07 비용 허위 청구를 통한 횡령 방지법 / 157

08 재고 자산 횡령 방지하기 / 167

09 직원의 뇌물수수 방지법 / 174

10 회계 부정 방지법 / 183

11 직원의 도박 행위 방지법 / 210

12 내부정보 유출 방지법 / 216

제4장 ● 01 청결한 조직은 강하다 / 222

클린 컴퍼니로 ● 02 클린 컴퍼니 만들기 10단계 / 226
거듭나기

참고문헌 / 250

'삐리리리 삐리리리.'

점심을 먹고 나른해진 일요일 오후, 갑자기 휴대전화가 울려댔다. 기업 감사팀 근무가 10년 차에 접어드는 나지만, 일요일에 울리는 휴대전화 소리는 왠지 불안하다. '특별히 전화 올 데가 없는데. 혹시 회사에 무슨 일이 생긴 건가? 긴급 소집인가?' 발신번호를 보니 내가 모르는 사무실 번호다. 통화를 누르면서 나도 모르게 녹음 버튼에 엄지손가락을 갖다 댄다. 감사팀 근무하면서 생긴 나쁜 습관이다.

"여보세요?"

"형, 나야…."

재만이다. 평소 활달하고 목소리에 항상 장난기가 넘치는 고등학교 후배인데 그날따라 목소리가 가라앉아 있었다.

"오, 재만이냐? 잘나가는 억대 쇼핑몰 대표님이 어인 일이세요?"

"형, 지금 좀 만나서 상의하고 싶은 게 있는데 시간 괜찮아?"

일요일 오후라 거절하고 싶은데 딱히 변명거리가 생각나지 않았다.

"그래? 무슨 일인데? 난 내일 출근도 해야 하고 별일 아니면 다음에…."

"지금 형 집 근처로 갈게. 잠깐만 시간 좀 내줘." 하며 딸깍하고 전화를 끊는다.

이런 경우는 처음이었다. 전혀 그 녀석답지 않았다.

집 근처 자주 가는 치킨집에서 생맥주 두 잔을 앞에 놓고 앉았다. 재만이는 맥주를 벌컥벌컥 들이켜더니 대뜸 서류를 하나 내민다.

"형, 이거 좀 봐봐. 카드 사용 명세서인데 한 달 카드 사용료가 2천만 원이 넘어."

연 매출 100억의 의류 인터넷 쇼핑몰 사장이라 역시 씀씀이가 장난이 아니구나 생각했다.

"그래서 어쩌라고? 너 지금 돈 많이 번다고 자랑하냐?"

"아니, 형, 그게 아니고 잘 봐봐. 이거 문 선배 카드 사용 명세서야."

"문형식이 카드라고?"

카드 내역은 룸살롱으로 보이는 몇 백만 원의 술값부터 대형마트에서 구입한 쌀, 찬거리 등 언뜻 보아도 회사 용도가 아닌 개인적으로 사용한 카드 사용 내역이었다.

"헐, 얘가 무슨 돈을 이렇게 많이 쓰냐? 너 형식이한테 경비 처리를 이렇게 많이 해주냐?"

"무슨 소리야, 형. 난 지금까지 문 선배가 이런 큰 금액을 회사 경비로 처리한다는 보고를 받은 적이 없어."

순간 불길하면서도 묘한 쾌감이 느껴졌다. 부정감사 업무를 하면서 부정 징후가 포착되었을 때 종종 느끼는 감정이다. 카드 명세서를 자세히 보니 분명히 회사 법인카드가 아닌 문형식 개인카드였다. 형식이의 급여로 볼 때 개인카드로 2천만 원에 달하는 비용을 쓴다는 것은 도저히 이해가 되지 않았다. 뭔가 잘못된 것이 틀림없었다.

"이건 아무리 봐도 많이 이상한데. 너 이거 어디서 난 거야?"

"오늘 급히 출력할 게 있어서 사무실에 갔었거든. 일요일이라 출근한 직원들은 아무도 없는데, 이게 프린터에 이미 출력돼 있더라고. 뭔가 하고 봤는데 조금 이상해서…."

"흠…."

형식이는 나와 대학 동창으로 2년 전에 재만이 회사에 내가 추천해 준 친구다. 재만이는 중국에서 옷 공장을 운영하는 친척을 도와주다 한국에 인터넷 의류 쇼핑몰 회사를 차렸다. 한때 연예인 지망생이기도 했던 재만이는 남자 옷을 고르는 센스가 나름 있었다. 명품 브랜드의 남자 옷을 골라 디자인을 약간 수정해서 중국에서 싸게 만든 후 한국 온라인 쇼핑몰에 저가로 파는 방식이었다. 내놓는 제품마다 소위 대박을 쳤다. 혼자서 시작한 인터넷 쇼핑몰 사업이 2년 만에 직원이 30명 가량 되는 중소기업으로 성장했다. 하지만 옷만 보러 다녔지 회사를 한 번도 운영해 본 적 없는 재만이는 회사가 커지고 직원들이 점점 늘어나자 직원 관리에서부터 경리, 회계 같은 내부 업무를 대신 해줄 직원이 필요했다. 결국 나에게 아는 사람을 소개해달라고 부탁을 했고 나는 마침 대학 동창 모임에 나갔다가 형식이가 전 직장에서 경리부장을 하다 그만두고 새 직장을 구하고 있다고 하길래 재만이에게 소개해줬다.

나는 대학 시절 형식이와 그리 친한 사이가 아니었기 때문에 솔직히 형식이의 사정은 잘 몰랐다. 별다른 생각 없이 추천해준 것뿐이었는데 재만이는 평소에 나를 가장 존경하는 선배로 믿고 따랐기 때문에 내가 추천한 형식이를 아무 거리낌 없이 믿고 받아들인 것이었다. 그리고 재만이는 회사 업무 대부분을 형식이에게 일임한 채 본인은 해외 백화점을 다니며 명품 옷을 사서 중국에서 옷 만드는 일에 전념했다. 얘기를 들어보니 지금까지 회사의 자금 관리, 경리 업무, 직원 관리 등 내부 업무는 형식이가 전적으로 관리해 온 것이었다.

"너, 형식이가 전에 다니던 회사를 왜 그만두었는지 알아?"

"나야 모르지!"

약간 짜증 섞인 목소리로 말했다.

"야, 그런 것도 확인 안 하고 사람을 채용하냐?"

재만이가 말했다.

"나야 형이 소개해 줬으니까 그냥 믿었지. 그리고 그런 걸 어떻게 확인하는 줄도 모르고…."

"이것 말고 또 이상한 점이 있으면 생각나는 대로 다 얘기해 봐."

난 어느새 감사인으로 돌아와 후배에게 탐문을 하기 시작했다.

"글쎄, 몇 가지 있긴 해. 우선 문 선배가 회사 오고 처음에는 샌님처럼 일 끝나면 바로 집으로 퇴근하더니 요새는 직원들에게 자주 술을 사주는 거 같기도 하고. 전날 술을 많이 먹었는지 지각할 때가 꽤 있고, 아침부터 술 냄새가 심하게 난 적도 많아."

"그 친구 술 잘 안 먹는 걸로 아는데…. 그거 말고 혹시 다른 이상한

일 없었니?"

"형도 알다시피 회사 매출이 한 10배 정도 늘었잖아. 그런데 이익은 2배 정도 는 게 다야. 솔직히 조금 의아하긴 했는데 난 회사가 커지니까 돈 들어갈 때가 많아서 그런가 보다 했지. 그리고 자꾸 창고에서 옷 재고가 안 맞는다고 분실 처리해야 한다고 하기도 하고. 아 참! 얼마 전에는 중국 공장 사장님이 왜 납품 대금을 안 주냐고 나한테 불평한 적도 있어. 한 번도 그런 일이 없었는데."

순간 등에 식은땀이 흘렀다. 전형적인 횡령 사고 패턴이었다.

"재만아, 잘 들어. 뭔가 문제가 생긴 것 같다. 하지만 이건 문형식이 개인카드 내역이기 때문에 아직은 확신할 수 없어. 몇 가지를 좀 더 확인해 봐야 할 것 같은데. 난 내일 회사를 출근해야 하니, 널 직접 도와줄 수가 없다. 대신 내가 체크할 사항들을 몇 가지 알려줄 테니까 넌 사무실에 돌아가서 내가 시키는 대로 한 가지씩 확인해 봐. 형식이는 모르게 해야 해. 내가 시킨 것들을 확인해 보고 그 결과를 나에게 전화로 알려 주면 돼. 알겠지?"

월요일, 출근하자마자 명함집을 들춰 보았다. 형식이가 전에 다니던 회사의 명함을 받아둔 기억이 있었다.

'삼호물산 경리부장 문형식.'

회사 전화번호로 전화를 걸었더니 젊은 여자 목소리가 들려왔다.

"안녕하세요, 삼호물산입니다."

"저, 문형식 부장님 좀 부탁합니다."

이미 그만둔 회사인 걸 알면서도 문 부장을 찾았다. 전화로 정보 조사할 때 자주 쓰는 기법이다.

"실례지만 누구시죠?"

잠시 정적이 흐른 후 퉁명스러운 목소리로 말한다. 여자의 목소리가 변했다. 불안하다.

"아, 네. 대학 동창입니다."

"문 부장님 회사 그만두신지 오래됐어요."

"그래요? 언제 그만뒀어요?"

"한 2년 정도 됐어요."

"실례지만 지금 어디서 일하는지 아시나요?"

"잘 몰라요."

"아… 문 부장을 꼭 찾아야 하는데 방법이 없나요?"

"글쎄, 몰라요. 무슨 일 때문에 그러시죠?"

"개인적으로 꼭 찾아야 할 일이 있어서요."

"혹시 돈 빌려 주셨나요?"

"네…."

"어휴, 그분 여기저기 사고치고 다니시네. 회사에서도 문제가 있어서 그만두셨어요."

"그래요? 무슨 일이 있었나요?"

"자세히 말씀드릴 수는 없어요. 하지만 돈 문제가 있어서 사장님이 해고한 걸로 알고 있어요."

전화기를 든 손에 땀이 났다. 형식이는 돈 문제로 해고된 것이었다.

경리부장이 돈 문제로 해고되었다면 불을 보듯 뻔했다. 보통 중소기업의 경리부장은 회사의 세무, 회계 처리상 잘못된 부분들을 많이 알고 있어서 사장이 웬만한 일로 해고 시키기 어렵다. 그런데도 해고가 되었다면 큰 횡령 사고일 가능성이 매우 높다.

'아. 내가 재만이에게 실수를 했구나. 좀 더 알아보고 소개해 주는 건데' 하는 생각이 불현듯 스쳐 지나갔다. 그때까지만 해도 별일이 아니기를 바랐다.

오후에 재만이로부터 연락이 왔다. 재만이는 내가 맞춰 보라는 서류를 직접 확인하고 그 결과를 알려 주었다. 역시 횡령이 의심스러운 결과가 나왔다. 하지만 확신을 하기 위해서는 몇 가지 더 확인이 필요했다. 그 뒤부터 난 재만이에게 형식이의 횡령 여부를 확인하기 위해 맞춰 보아야 할 서류와 방법 등을 매일 한 가지씩 알려 주기 시작했다. 감사 실무를 해 본 경험으로 어떤 서류들을 확인해 보면 되는지 난 알고 있었다. 재만이는 내가 시킨 대로 서류들을 조용히 확인하고 그 결과를 나에게 매일 피드백해 주었다. 그렇게 일주일이 지나고 나자 나는 형식이의 횡령을 확신하게 되었다.

결국 형식이의 횡령 금액은 회사가 회생이 어려울 정도의 상당한 거액으로 확인되었고 후배 회사는 회계 부정으로 법인세 추징까지 받으며 심각한 타격을 받았다. 또한 거래 대금을 못 받은 거래처로부터 소송을 당했고 결국 회사는 부도 처리 되었다.

후배 회사의 몰락 과정을 옆에서 지켜보면서 아무 생각 없이 형식이를 후배에게 소개해 준 선배로서 너무 미안했다. 나의 작은 실수로 인한 대가치고는 너무 큰 희생이었다. 회사에 기본적인 내부통제 절차만 있었어도 충분히 막을 수 있는 어처구니없는 사고였기에 마음이 더 씁쓸했다. 그리고 후배 회사의 부실한 내부 관리 체계를 보면서 한국 대부분의 중소기업이 후배 회사와 동일한 현실에 처해 있다는 사실도 알게 되었다.

최근 5년간 국내 2,505개 중견기업 중 자산 5조 원 이상의 대기업으로 성장한 기업은 '한국타이어'와 '오일뱅크', 단 2개뿐이라고 한다. 기업이 안정적으로 성장하기 위한 필수 조건 중 하나가 바로 '내부통제관리체계(Internal Control System)'이다. 내부통제관리란 기업의 투명성과 책임성을 높이고 경영 활동을 효과적으로 통제하기 위한 조직적인 통제 방법을 말한다. 즉 기업 내 부정을 방지하기 위한 내부 관리 방법을 말한다. 내부통제 체계를 제대로 갖추지 않은 기업은 한순간에 몰락할 수 있다.

당신의 회사는 어떠한가?

제1장

기업 부정에 관한 불편한 진실

회사에 문제가 있다고 판단될 경우
가장 먼저 부정의 관점에서 조직을 재조명해 봐야 한다.
조직 내 부정이 있는지부터 살펴봐야 한다.
그리고 부정이 있다면 이것부터 바로 잡아야 한다.
부정의 뿌리를 바로 잡고 이러한 부정이 재발하지 않도록
관련 내부통제 절차를 먼저 개선시켜야 한다.
이것이 가장 먼저 당신이 해야 할 조치이다.
이것을 바로 잡지 않고 수립하는 모든 대책과 전략들은
다 돈 낭비, 시간 낭비일 뿐이다.

* * *

회사에서 본인의 지위를 이용한 횡령, 뇌물수수, 탈세 등을 하는 기업 임직원의 부정을 화이트칼라 범죄라고 한다. 화이트칼라 범죄는 반드시 형법상 범죄로 취급되지는 않는다. 일반적으로 살인, 절도, 폭행과 같은 형사 범죄보다 죄질이 약한 범죄로 다뤄진다. 또한 화이트칼라 범죄를 저지른 가해자도 크게 죄책감을 느끼지 않는 것이 특징이다.

그러나 화이트칼라 범죄의 폐해는 형사 범죄보다 훨씬 더 심각하다는 사실을 알아야 한다. 형사 범죄의 피해자는 소수이지만 화이트칼라 범죄의 피해자는 절대다수다. 피해 규모도 수억 원에서 수조 원에 이른다.

'엔론(Enron)', '월드콤(WorldCom)', '타이코(Tyco)', '아델피아(Adelphia)'와 같은 대기업들이 회계 부정으로 신문 헤드라인을 장식하고 회사 중역들이 감옥에 갈 때 수백만 명의 투자자들과 협력업체들은 수조 원에 달하는 손실을 입었고, 수천 명의 실직자를 낳았으며 피해자 가족들까지 감안하면 그 규모와 파장은 엄청나다.

즉 기업 부정은 수천 명에 달하는 피해자를 한순간에 경제적으로 몰락시키거나 사회 빈곤층으로 내모는 흉악한 범죄 행위인 것이다. 이제 기업에서 벌어지는 화이트칼라 범죄는 과거와는 다른 시각으로 봐야 한다. 그런 의미에서 우리가 지금까지 기업 부정과 관련하여 잘못 알고 있거나 전혀 몰랐던 사실들을 먼저 이해할 필요가 있다.

01
순진한 경영 전략

기업을 경영하다 보면 여러 가지 난관에 봉착한다. 갑작스러운 매출 감소, 고객의 불만 증가, 강력한 경쟁자의 출현, 제품 하자 발생, 구매처 말썽, 직원 이직률 증가, 미수금 증가, 원가 및 비용 증가 등등. 도대체 어디서 문제가 발생한 것인지, 어디를 손봐야 할지 막막하다. 이런 상황에서 당신은 어떻게 하는가?

매출 확대 전략, 영업 전략, 원가 절감 전략, 효율화 전략, 혁신 전략, 구매 전략 등 온갖 새로운 전략을 세워서 변화를 시도해 볼 것이다. 하지만 어떤 방법을 써도 처음에는 조금 좋아지는 것 같다가 결국 결과는 크게 달라지지 않는다. 한계가 느껴진다. 혹자는 외부 경영 컨설팅을 받아 보라고 권한다. 혹자는 식스 시그마를 도입해 보라고 한다. 혹자는 전문 경영인을 추천한다. 혹자는 신바람 나는 조직 문화가 필요하다고 한다. 미안하지만 전부 헛소리다.

우리는 세상을 너무 순진하게 바라보는 구석이 있다. CEO, CFO 그리고 등기임원에서부터 신입사원까지 조직의 모든 구성원이 최고의 도덕성을 가지고 회사의 모든 규정을 준수하며 일하는 이상적인 세상에서 우리가 살고 있다면 위와 같은 전략들이 혹시 먹힐 수도 있다. 하지만 불행하게도 우리는 거짓말, 허위 보고, 사기, 횡령, 뇌물수수, 부패와 같은 각종 부정행위가 판치는 세상에서 살고 있다. 현재 조직의 문제를 해결하기 위해 추진하는 대부분의 전략들은 조직 내에 부정이 없는 깨끗하고 이상적인 조직이라는 가정에서 출발한 순진무구한 전략들이다.

조직 내에 부정이 있다면? 그리고 그러한 부정이 만연해 있다면? 아무리 훌륭한 경영 전략이나 외부 컨설팅도 통하지 않는다. 이것이 바로 우리가 착각하고 있는 사실이다. 우리는 기업을 경영하면서 회사와 직원들을 너무 착한 존재로만 보는 시각이 있다.

당신 회사 내 생활 가전 사업 부문이 제조 판매하는 상품 A는 출시 이후 시장의 반응이 좋아 매출이 매년 150%씩 성장하고 있다. 그런데도 이익이 좀처럼 나지 않아 당신은 의아해 한다. 외부 경영 컨설팅을 의뢰했다. 2개월에 걸친 컨설팅 결과 손익 개선을 위해 여러 가지 원가 절감 전략들이 제시된다. 그중 하나가 원자재 매입 단가가 경쟁사 대비 상대적으로 높아 매입 단가를 낮춰야 한다는 것이었다. 당신은 구매 단가를 낮출 것을 지시한다. 구매 팀장은 해당 구매처와 어려운 협상을 통해서 구매 원가를 5% 절감했다고 당신에게 보고한다. 당신은 기뻐서 구매팀장에게 두둑한 보너스로 포상을 한다. 하지만 구매 원가를 5%나 절감했는데도 연말에 보니 손익은 또 똑같다. 알고 보니 갑자기 제품에 불량률이 늘어나 추가 손실이 발생했다. 불량 원인 파악이 제대로 되지 않아 또 전문가의 도움을 받아야 할 것 같다. 한숨이 나온다.

실제 내막은 이렇다. 당신 회사에 대부분의 원자재를 납품하고 있는 B 사는 실은 구매팀장의 형이 운영하는 회사였다. 그래서 경쟁사보다 비싸게 구매를 해주는 특혜를 주었던 것이다.

"형, 이번에 구매 원가를 5% 정도 절감해 줘야 할 거 같아. 회사에서 컨설팅을 받았는데 구매 원가가 다른 회사보다 높다고 나왔어. 다음 달에 신제품이 나오면 그때 신규 구매할 원재료에서 10% 이상 더 쳐줄 테니 그때까지 조금만 참아."

그러자 B사 사장은 깎아 준 5%를 어떻게 만회할지 머리를 굴린다.

"알았어. 일단 5% 깎아 줄 테니 대신 원재료에 조금 불순물이 들어가 있더라도 눈감아 줘."

이렇게 B사 사장은 원재료를 저급한 재료로 대체해서 손해 보지 않고 5%를 깎아 준다. 상품 A는 이후부터 불량률이 점점 높아진다.

회사가 이런 상황이라면 아무리 훌륭한 경영 전략, 컨설팅, 리더십이 무슨 소용이 있을까? 조직 내에 부정이 있다면 수억 원을 주고 컨설팅을 받아 수립한 전략도 무용지물이다. 안타깝게도 컨설팅사들도 이런 점들을 간과한다. 그저 눈에 보이는 현상과 그에 따른 원인을 바로잡으면 문제가 풀리는 것으로 착각하고 있다. 하지만 부정과 관련된 실제 원인은 더욱더 은밀하고 깊숙한 곳에 있다는 점을 잘 알아야 한다. 수면 밑의 보이지 않는 검은손은 보지 못하고 순진하게도 수면 위에 드러난 문제만 해결하려고 한다. 그러니 아무리 좋은 해법이 나와도 달라지는 건 아무것도 없다. 회사에 문제가 있다고 판단될 경우 가장 먼저 부정의 관점에서 조직을 재조명해 봐야 한다. 조직 내 부정이 있는지부터 살펴봐야 한다. 그리고 부정이 있다면 이것부터 바로 잡아야 한다. 부정의 뿌리를 바로 잡고 이러한 부정이 재발하지 않도록 관련 내부통제 절차를 먼저 개선시켜야 한다. 이것이 가장 먼저 당신이 해야 할 조치이다. 이것을 바로 잡지 않고 수립하는 모든 대책과 전략들은 다 돈 낭비, 시간 낭비일 뿐이다.

02
부정으로 사라지는 돈

2014년 ACFE 보고서에 의하면 미국 기업들의 경우 회사 전체 매출액의 5%에 해당하는 돈이 임직원들의 부정행위로 감쪽같이 사라진다고 한다. 2014년 세계 총생산(Gross World Product) 금액으로 환산해 보면 4,280조 원에 해당하는 금액이다. 2014년 포춘지 선정 500대 기업의 평균 수익률이 매출의 5.37% 수준이다. 이 회사들은 세계에서 가장 성공한 기업들이라고 할 수 있다. 그런 기업들의 수익률이 5%를 간신히 넘는데 직원 부정으로 아무도 모르게 사라지는 돈이 매출의 5% 정도라면 감이 오는가? 하지만 이것도 밝혀진 부정 사고 금액만을 집계한 수치이다.

미국 기업들이 5%라면 한국 기업들은 어떨까? 2014년 발표된 국가별 부패인식지수(CPI) 순위로 보면 미국은 17위로 43위인 한국에 비해 부패 정도가 훨씬 덜한 나라로 볼 수 있다. 또한 미국은 횡령 등 기업의 화이트칼라 범죄에 강력한 구형을 부여하는 나라이다. 이런 점으로 미루어 짐작해 보면 한국 기업들이 부정으로 인해 입는 손실은 미국 기업의 5%보다 더 클 것으로 감히 단언한다. 솔직히 아직 우리나라는 부정으로 발생하는 손실이 어느 정도인지 추정 자체도 불가능한 현실이다.

최근의 기업 환경을 '글로벌 하이퍼(Hyper) 경쟁시대'라고 부른다. 생존을 위해 국가 간 보호 장벽도 없이 전 세계 기업들 간에 치열하게 경쟁하는 초경쟁시대를 뜻한다. 한마디로 총성 없는 전쟁이다. 이제는 단순히 품질이 좋으면 돈을 버는 시대는 끝났다. 인터넷과 SNS로 정보가 공유되어 더욱 스마트해진 소비자들은 품질이 우수하면서도 더 저렴한 소위 착한 제품을 찾는다. 이제 기업들에게 원가 경쟁력은 선택이 아닌 필수가 되었다. 구매 원가 10원을 깎기 위해 반년 넘게 협상을 했다는 다이소의 스토리나 0.1%의 원가 절감을 위해 경영진과 직원들이 머리를 맞대고 수개월을 밤새워 고민하는 기업들의 이야기는 더 이상 큰 감동을 주지 못한다. 원가 절감을 위해 허리띠를 졸라매고 불필요한 간접 비용을 줄이거나 혁신을 외치며 생산 공정이나 프로세스를 개선하는 노력들, 심지어는 구조조정으로 많은 직원들이 회사를 떠나야 하는 것도 이제는 흔히 볼 수 있는 현실이 되었다. 한쪽에서는 한 푼이라도 더 절감해 보겠다고 피눈물 나게 노력하는 와중에 다른 쪽에서는 매출액의 5%에 해당하는 엄청난 돈이 일부 부정한 직원들로 인해 아무도 모르게 사라지고 있는 것을 알아야 한다. 이 5%를 회수한다고 생각해 보자. 이 회수된 5%는 매출이 아니라 바로 회사의 수익률이 5%가 늘어나는 것이다. 이런 큰 구멍은 놔두고 0.1%를 아껴 보겠다고 바늘구멍을 이리 막아 보고 저리 막아 보고 있는 판국이다.

대체 왜 이러고 있는 건가? 기업 부정에 대한 관심이 부족하기 때문이다. 해마다 수많은 경영학자나 성공한 리더들이 경영 전략, 혁신 전략, 리더십, 새로운 경영관리 기법 등을 부르짖으면서 저마다 성공 방정식을 내놓는다. 하지만 정작 기업 내에서 벌어지고 있는 임직원들의 부정에 대한 적발, 대처, 관리, 예방에 대해서 부르짖는 경영학자나 경영자는 찾아보기 어렵다.

삼성은 선대회장부터 부정을 조직의 암으로 보고 다른 무엇보다도 심각한 문제로 받아들여 단호하고 강력하게 대처하는 회사이다. 거래처로부터 경조금이나 화환을 일절 받지 않도록 한 최근의 임직원 가이드라인은 한국 사회에서 일반적으로 요구하는 사회 통념보다도 더 높은 도덕 수준을 임직원들에게 요구하고 있다. 소위 한국에서 임직원 부정에 대해 가장 엄격한 삼성에서도 수백억 원에 달하는 횡령 사건이 발생하는데 아무런 방지 장치가 없는 한국의 중소기업들은 어떤 상황일까를 생각해 보면 등에 식은땀이 흐른다. 기업 내 직원들이 저지르는 부정의 실상은 당신이 상상하는 것보다 훨씬 더 심각하다. 한국의 훌륭한 중소기업들이 일부 부도덕한 직원들로 인해 일순간에 경영이 부실해지고 이로 인해 오히려 성실히 일해 온 직원들이 구조 조정으로 거리로 내몰리고 있는 것이다.

당신의 조직은 직원 부정에 대해 어느 정도 대비가 되어 있는가? 아직까지 전혀 생각하지 않았다면 지금이라도 좀 더 관심을 가지고 회사 내부를 면밀히 조명해 보길 바란다. 부정을 완전히 뿌리 뽑을 수는 없다. 하지만 충분히 관리하고 예방이 가능하다. 이제부터는 눈물 나는 원가 절감 노력보다 아무도 모르게 새고 있는 5%의 구멍을 막는 데 더 노력해 보는 건 어떨까?

03
착한 사람들이 저지르는 부정

일반적으로 부정행위는 소수의 나쁜 사람들이 저지르는 행위라고 생각하는 사람들이 많다. 하지만 평소에 법 없이도 살 수 있는 사람이라고 믿는 직원, 회사 일이라면 만사 제쳐 놓고 밤을 새워 가며 헌신적으로 일하는 착한 직원들이 부정을 저지르고 있다는 사실을 알고 있는가? 문제는 착한 사람들이 저지르는 부정이 더 많고 더 심각한 피해를 준다는 것이다. 왜일까?

1970년대에 케네디 예술센터가 운영하는 기프트숍에서 생긴 일이다. 이 매장들에는 300명이 넘는 자원봉사자들이 일하고 있었는데, 이들은 대부분 연극과 음악을 사랑하는 나이가 지긋한 은퇴자들이었다. 이 매장들은 일일 장터처럼 운영되었다. 자원봉사자들은 물품을 팔고 받은 돈을 현금 상자에 넣었고 거스름돈도 거기에 있는 돈으로 바꿔줬다. 이 기프트숍의 년 매출은 40만 달러가 넘었다. 그런데 한가지 문제가 있었다. 40만 달러 중 15만 달러의 현금과 물품이 해마다 어디론가 없어졌던 것이다. 기프트숍 총괄책임자로 승진한 바이스는 도둑을 잡아야겠다고 마음먹었다. 그는 우선 매장 운영이 끝나면 현금을 은행에 들고 가 입금하는 일을 하는 젊은 직원들을 의심했다. 바이스는 현금에 모두 표시를 해 놓았다. 그날 오후에 은행에 현금을 입금하고 돌아오는 직원을 붙잡아 주머니를 확인한 결과, 표시된 지폐 약 60달러가 나왔다. 이 직원을 해고하면서 이 사건을 종결했다. 그런데 이후에도 돈과 물품은 계속 사라졌다. 도둑은 단 한 사람이 아니었던 것이다. 예술을 사랑해 자원봉사를 신청한 착한 노인늘 다수가 현금 상자에서 돈을 빼내고 매장의 물품을 몰래 빼돌렸던 것이다. 고민 끝에 바이스는 물품마다 가격표를 붙였고, 매장의 자원봉사자들에게 어떤 물품을 얼마에 팔았는지 일일이 판매대장에 기록하게 했다. 이런 조치를 취한 결과 현금과 물품의 좀도둑질이 사라졌다. 그렇다면 부정행위로 인한 피해는? 60달러를 훔친 청년 한 명보다 착한 노인들이 훔친 돈은 매년 15만 달러에 달했다. 바이스는 "사람은 누구나 기회가 닿으면 언제든 다른 사람의 물건을 훔치려 합니다. 사람에게는 나쁜 일을 하지 못하도록 제어해 주는 통제장치가 필요합니다."라고 말했다.

수만 명의 사람들을 대상으로 수학 문제 20개를 주고 문제를 맞힌 개수만큼 50센트를 지불하는 실험을 했다. 실험 결과 정답의 평균 개수는 4문제였다. 그런데 이 사람들에게 혼자서 답안을 채점하고 답안지를 파기하라고 한 다음 각자 맞힌 정답의 개수가 몇 개인지 물었을 때 이들은 평균 6문제를 맞혔다고 대답했다. 이들은 부정행위를 저지른 것이다. 그것도 아주 조금. 대부분의 사람들은 큰 규모의 부정행위를 저지르지 않는다. 스스로가 나쁜 사람으로 비치는 것이 싫기 때문이다. 대신 아주 조금씩 부정행위를 저지름으로써 부정행위를 통한 이득을 보면서도 동시에 자기 자신을 합리화한다. 물론 그중에는 최대한 많이 부정행위를 저지르는 사람들도 있다. 위 실험에서 20문제 중 15문제 이상 정답을 맞혔다고 주장한 사람은 거의 없었지만, 오히려 20문제를 모두 맞혔다고 주장하는 사람들은 이따금 나타났다. 이들은 어차피 들키지 않는다고 판단하고 자신들이 챙길 수 있는 돈을 최대한 챙기겠다고 마음먹은 사람들이었다. 이들은 그야말로 몇 명 안 되는 예외적인 사람들이었고 이 실험을 통해 이들에게 빼앗긴 돈은 몇백 달러에 불과했다. 하지만 겨우 몇 문제만을 부풀리는 사람은 수천 명이 나왔고 이들에게 빼앗긴 돈은 수 천 달러 규모로 적극적인 부정 행위자들에게 빼앗긴 돈보다 훨씬 많았다. 극소수의 사람들이 최대치의 규모로 도둑질한다. 수많은 착한 사람들은 야근시간을 부풀리고, 휴일근무 수당을 허위로 청구하며, 회사의 법인카드를 친구, 가족과 식사하는 데 사용하는 등 사소한 부정행위를 끊임없이 저지른다.

행동경제학자 댄 애리얼리에 의하면 사람들은 두 가지 동기를 가지고 행동을 한다고 한다. 한가지는 다른 사람이 자신을 정직하고 존경받아 마땅한 인물로 봐주길 바라는 동기(심리학자들은 이것을 '자아동기부여(Ego Motivation)'라고 부른다)이고 다른 하나는 다른 사람을 속여서 이득을 얻고자 하며 그 이득이 가능한 한 크길 바라는 동기(재정적 동기부여(Financial Motivation)라고 부른다)이다. 이 두 가지 상반된 동기를 모두 만족시키기 위해서 우리는 사소한 부정행위를 저지르며 이득을 얻는 동시에 스스로를 괜찮은 사람으로 볼 수 있게 한다는 것이다.

ACFE 2014년 보고서에 의하면 기업 부정을 저지른 직원의 88%가 과거에 한 번도 범죄를 저지른 적이 없는 사람들이라고 한다. 부정은 나쁜 사람들만의 전유물이 아니다. 작가 오스카 와일드는 이렇게 말했다

"도덕은 예술과 마찬가지로 어딘가에 선 하나를 긋는 것을 의미한다."

문제는 이 선의 위치가 어디인가 하는 것이다.

04
신뢰의 함정

밥과 그의 형 빌은 30년간 농기계 렌탈 회사를 운영해 오다가 은퇴를 생각할 나이가 되었다. 둘의 아내 제인과 줄리는 회사의 경리업무를 나누어 맡아 해왔다. 제인은 각종 대금 청구서를 승인했고 줄리는 대금 지급을 담당했다. 제인과 줄리가 먼저 은퇴를 하면서 밥의 아들인 제임스에게 그 일을 맡겼다. 30살의 제임스는 고등학교를 졸업한 이후 여러 회사에서 경리 및 회계 업무를 해 본 경험이 있었기 때문에 적임자였다. 가족들은 기쁜 마음으로 그에게 전적으로 맡겼다. 미지급금, 미수금, 급여 등을 포함한 모든 경리업무와 은행예금 관리 그리고 수표 승인권과 법인카드 결제 관리까지 맡겼다.

제임스는 이 일을 맡고 나서 결혼을 하고 가정을 꾸렸다. 그러자 생활비가 점점 늘어났다. 그는 더 이상 그가 결혼 전에 부모님과 함께 살면서 누렸던 생활 수준을 유지하기 어렵다는 것을 알게 되었다. 부정은 단순하게 시작되었다. 제임스는 처음에는 회사 법인카드로 소액의 개인 비용들을 결제하기 시작했다. 본인 차의 기름값과 개인 점심값을 회사 법인카드로 처리했다. 몇 개월 뒤에는 부인과 애들을 데리고 고급 레스토

랑을 다니기 시작했고 본인과 가족에 필요한 옷에서부터 고급 가전제품까지 법인카드로 결제하기 시작했다. 제임스가 경리, 회계 일을 혼자서 도맡아 하면서 법인카드 대금지급 처리를 본인이 직접 했기 때문에 처음에는 회사의 어느 누구도 이런 비용의 증가를 알지 못했다. 시간이 지나면서 제임스의 횡령 행위가 점점 커지기 시작했다. 급여 시스템에서 돈을 빼내기 시작했다. 자신이 하지도 않은 오버타임을 책정하고 심지어 휴가를 전부 사용하고도 휴가를 안 쓴 것처럼 처리하고 월차수당을 챙겼다. 급여 관리도 제임스가 전적으로 했기 때문에 회사는 여전히 모르고 있었다. 이후 그는 본인에게 직접 수표를 지급하기 시작했다. 장부상에는 고정 거래처 이름을 넣어 거래처에 지급된 물대인 것처럼 기록했다. 여기서 끝나지 않았다. 그는 실제로 이름만 있는 개인 회사를 설립하고 거래처인 것처럼 꾸며 물대를 매달 정기적으로 청구하기 시작했다. 2년 반 동안 제임스가 횡령한 돈은 회사의 현금 유동성에 문제가 발생할 만큼 커졌다.

2010년 12월 제임스의 삼촌인 빌이 취소된 수표를 찾기 위해 회사 계좌의 수표 지급 내역을 보다가 한 달에 여러 차례 제임스에게 수표가 지급된 내역을 보게 된다. 경영진은 경찰에 신고하지 않았다. 가족끼리 운영하는 기업이라 경찰까지 불러들이고 싶지 않았다. 자체적으로 조사한 결과 3억 5천만 원이 제임스의 사적 비용으로 처리 되었음을 확인했다. 밥이 제임스에게 경위를 묻자 그는 횡령 사실을 실토하고 잘못을 빌었다.

중소기업은 직원 수가 적고 직원들 간 유대관계가 좋아 대기업보다 임직원의 부정이 적다고 생각하면 오산이다. 2014년 ACFE의 보고서에 의하면 부정 사고가 발생한 미국 기업 중 100명 미만의 종업원을 보유한 소기업의 발생 비중이 28.8%~31.8%로 매년 가장 높은 희생자 군에 해당한다. 1,000명 미만의 기업으로 보면 51.3%~53.6%로 과반수를 넘는다. 이 수치는 적발된 부정 사고만을 집계한 것으로 보통 감사를 통한 부정 적발 행위를 하지 않는 대부분의 소기업 환경으로 볼 때 실제 수치는 이보다 훨씬 높다고 보아야 할 것이다.

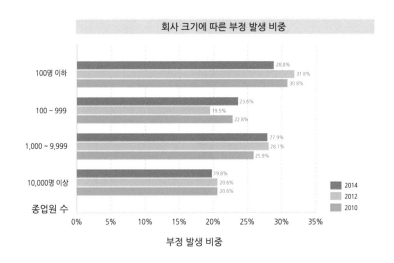

그렇다면 왜 이런 일이 벌어질까? 너무 믿고 맡기기 때문이다. 중소기업에서 발생한 대형 횡령 사고의 주인공들은 CEO의 인척인 경우가 많다. 친인척에게 경리를 믿고 맡겼는데, 오히려 믿는 사람에게 발등을 찍히는 꼴이다. 횡령 사고가 발생해도 친인척이다 보니 법적 조치는 하지 못하고 조용히 무마한다. 따라서 신문지상에 회자되는 횡령 사고는 극소수에 불과하다. 혹자는 "그래도 가장 믿을 수 있는 사람이 가족 아니냐? 그럼 누구에게 맡겨야 하느냐?"라고 반문할 수도 있다. 믿고 안 믿고의 문제가 아니다. "가족이니까 오랫동안 근무한 성실한 직원이니까 믿어도 되겠지."라고 생각한다면 너무 순진한 생각이나. 돈에 관한 한 그렇지 않다. 믿고 맡기는 것은 좋으나 반드시 적절한 내부통제시스템을 갖추어 놓고 맡겨야 한다. 그리고 주기적으로 이를 체크해야 한다.

직원이 몇 명 되지도 않는 우리 같은 회사 보고 내부통제시스템을 갖추라는 말은 현실을 모르는 사치라고 얘기할 수도 있다. 하지만 내부통제시스템이 인력과 비용이 많이 드는 작업이 아니다. 내부통제시스템은 회사 자산을 보호하고 직원들이 업무를 하면서 따르도록 만들어 놓은 일련의 절차일 뿐이다. 꼭 직원이 많고 자본이 풍부한 대기업만 만들 수 있는 절차가 아니다. 이 책에서 소개하는 최소한의 내부통제시스템을 회사에 적용하고 주기적으로 체크하기를 바란다. 그렇게 하면 대형 부정은 방지할 수 있다. 레이건 대통령의 말처럼 '믿고 맡겨라. 하지만 반드시 검증하라.'

05
깨진 유리창의 법칙

번호판이 없는 자동차 한 대를 보닛을 열어둔 채로 미국의 빈민가인 뉴욕 브롱크스(Bronx)에 세워 두었다. 똑같은 차 한 대를 미국의 부촌 중 하나인 캘리포니아 펠로앨토(Palo Alto) 지역에 주차해 두었다. 이 차들은 어떻게 되었을까?

브롱크스에 세워둔 차는 채 몇 분도 지나지 않아 차 옆을 지나가던 부부와 아들로 보이는 3명의 일가족에게 털리기 시작한다. 그들은 배터리와 라디에이터를 뜯어간다. 조금 있으니 타이어가 전부 없어졌다. 주차해 놓은 지 24시간 만에 차에서 쓸만한 부품들은 전부 없어졌다. 차의 창문이 누군가에 의해 깨졌고, 차에 각종 기스가 생기더니 차체가 온통 찌그러지고 분해되었으며 나중에 남은 흉측한 폐차는 아이들의 놀이터로 바뀌었다.

반면 부촌인 펠로앨토 지역에 주차해 둔 차는 일주일이 지나도 누구도 손을 대지 않았다. 지나가는 사람 어느 누구도 별 관심을 두지 않았다. 이 실험을 주도한 스탠퍼드 대학의 심리학자 필립 짐바르도(Philip Zimbardo)는 망치로 직접 펠로앨토 지역에 주차된 차의

운전석 유리창 일부를 깼다. 그러자 얼마 지나지 않아 사람들이 브롱크스 지역의 사람들과 똑같이 차를 부수고 물건을 떼어 가기 시작했으며 결국 브롱크스의 주차된 차와 같이 폐차가 되었다. 두 지역 모두 차를 부수고 물건을 뜯어 간 사람들은 부랑자들이 아니라 단정하게 잘 차려입은 일반 시민들이었다.

이 실험은 1996년에 '깨진 유리창의 법칙(Broken Window Theory)'이라는 이름으로 당시 큰 반향을 불러일으켰다. 사소한 문제를 바로잡지 않고 방치하면 큰 문제로 이어진다는 것을 보여준 실험이었다.

1985년 조지 엘 켈링(George L. Kelling) 교수는 이 '깨진 유리창 법칙'에 근거해 뉴욕시 지하철 흉악 범죄를 줄이기 위한 대책으로 지하철 낙서를 깨끗이 지우는 것을 제안했다. 낙서가 방치되어 있는 상태가 창문이 깨져 있는 자동차와 같은 상태라고 생각했기 때문이다.

지하철 벽에 낙서가 얼마나 많았던지, 지하철 낙서 지우기 프로젝트를 개시한 지 5년이 지난 뒤에야 모든 낙서가 지워졌다. 5년 전과 비교했을 때 지하철 중범죄 사건은 75%나 급감되어 있었다. 그 후, 1994년 뉴욕 시장에 취임한 루디 줄리아니(Rudy Giuliani) 시장은 조지 엘 켈링 교수의 지하철 범죄 억제 성과 프로그램을 뉴욕시 경찰에 도입한다. 일명 제로 톨러런스(Zero Tolerance, 사소한 범법 행위도 용서하지 않는 무관용 정책)로 유명했던 이 정책은 뉴욕시의 보행자 신호 미준수나 빈 캔 버리기와 같은 경범죄 단속을 철저히 하는 정책이었다. 도입 초기 주민들의 반대가 심했다. 중범죄자들은 잡지 않고 시민들만 괴롭힌다는 불평불만들이 나왔다. 하지만 줄리아니 시장은 꾸준히 이 단속을 시행한다. 몇 년 후 뉴욕시의 범죄 발생 건수가 급격히 감소하였고 이를 계기로 결국 뉴욕은 범죄 도시라는 오명을 벗게 된다. 즉 사소한 범죄를 단속하자 중범죄가 줄어들었다.

이 이론을 기업에 대입시켜보자. 과연 한국의 기업들은 임직원들의 부정에 대하여 얼마나 단호한가? 한국사람들은 회사 내에서 발생하는 부정에 대해서는 이상하리만큼 관대한 편이다. 회사에서 여직원이 성희롱이나 언어폭력을 당해 불만을 제기해도 그 정도 일은 대수롭지 않게 여긴다. 그런 불만을 제기한 여직원을 오히려 별것 아닌 것을 가지고 불평을 하는 골치 아픈 직원으로 간주한다. 그뿐만 아니라 하지도 않은 야근 수당을 올리고 법인카드로 가족과 가벼운 식사 한 끼 정도는 별 거리낌 없이 한다. 하지만 외국 기업들은 어떨까? 우리는 일반적으로 외국 기업의 문화는 한국 기업보다 상당히 자유분방한 것으로 알고 있다. 사실 틀린 말은 아니다. 하지만 외국 기업들은 부정에 관해서는 무관용 원칙(Zero Tolerance)이 사규로 가져가는 기업들이 많다. 일부 외국 기업의 경우 사무실에서 근무시간에 음란 사이트에 접속만 해도 즉시 해고 대상이 된다.

한국의 기업 문화는 아직까지 관료주의가 그 뿌리에 남아 있어 부정보다는 상하 간, 직급 간의 위계질서를 더 중시한다. 부하 직원이 업무 중 실수를 하면 크게 나무라면서도 실제보다 부풀려 수당을 청구하면 알고도 그냥 모른 척 해주는 경우가 많다. 쪼잔하게 그런 걸로 얘기하기 싫다는 생각이다. 하지만 조직관리는 정 반대로 해야 한다. 업무상 잘못한 실수는 한두 번 눈감아 주어도 된다. 그럴수록 그 직원은 미안한 마음에 두 번 다시 실수하지 않으려고 노력한다. 본인의 실수에 대해 상사로부터 꾸중을 듣고 나면 잘못에 대한 벌을 이미 받았다는 보상 심리와 일종의 반감으로 향후 실수가 재발할 가능성이 더 높아진다.

부정은 이와 정반대이다. 만약 부하 직원이 회사에서 쓰는 메모지를 집에서 쓰려고 가방에 넣어 가져가는 것을 당신이 보고도 아무 말 하지 않는다면? 그 직원은 '이 정도는 해도 되는구나.' 하고 생각하고 계속하게 된다. 당신은 그런 사소한 걸로 지적을 하고 싶지 않다고 생각할지도 모른다. 하지만 관리자라면 반드시 그런 행위를 더 크게 지적해야 한다. 부정에 관한 한 아무리 작은 것이라도 절대 그냥 지나쳐서는 안 된다. 깨진 유리창을 방치하면 아무리 좋은 새 차도 금세 폐차가 되기 때문이다.

06
부정 중독

부정행위를 딱 한 번 하고 그만둔 사람은 거의 없다. ACFE 보고서에 의하면 부정 사고자의 96%가 부정행위를 반복적으로 지속한다고 한다. 부정행위로 적발된 직원들은 대부분 본인의 행위가 잘못되었다는 것을 알고 있다. 그렇지만 한 번 시작하고 나서는 멈출 수 없었다고 한다. 또한 부정행위는 규모가 점점 커지는 특징이 있다. 소위 바늘도둑이 소도둑 되는 것이다. 사무실에서 스테이플러 하나를 훔친 작은 부정행위가 나중에는 수억 원의 회사 공금을 횡령하는 것으로 확대되는 것은 흔한 일이다. 즉 부정행위는 도박 중독의 과정과 대동소이하다.

포커 도박을 할 때 상대의 패를 알기 전까지는 돈을 딸지, 잃을지 모르기 때문에 배팅을 하는 내내 불안한 마음에 자신도 모르게 가슴이 뛰고 흥분 상태가 된다. 배팅 후 돈을 땄을 때는 해냈다는 성취감으로 도파민이라는 신경 전달 물질이 몸에서 생기고 이때의 쾌감이 뇌에 기억으로 저장된다. 시간이 지나면 그때의 떨리는 흥분과 쾌감이 생각나서 다시 도박을 하게 된다. 도박을 하면 할수록 처음 느꼈던 흥분과 쾌감이 줄어든다. 내성이 생겨서 익숙해진 것이다. 처음에 느꼈던 흥분을 맛보기 위해서는 더욱 큰 판에 뛰어들어야만 한다.

양 대리는 휴대전화 액세서리를 제조, 판매하는 회사에 다니고 있다. 어느 날 부인이 전화로 회사에서 스테이플러 좀 가져올 수 있느냐고 묻는다. 퇴근하기 전에 주위를 한번 둘러보고 사무실에 있는 스테이플러 하나를 슬쩍 가방에 넣었다. 아무도 보는 사람은 없었다. 하지만 혹시 누군가가 봤다면 하는 생각에 왠지 모르게 가슴이 뛰고 약간 흥분이 된다. 엘리베이터를 타고 내려와 건물 밖으로 나올 때까지도 계속 마음이 불안하다. 결국 집에 도착하고 부인에게 전달하고 나서 불안하던 마음이 눈 녹듯이 사라지면서 무사히 해냈다는 성취감 마저 든다. "더 필요한 거 있으면 언제든지 얘기해. 가져다줄게." 이후부터는 집에서 필요한 각종 문구 용품들을 하나둘씩 회사에서 가져오기 시작한다. 이제는 더 이상 두근거리거나 떨리지 않는다. 그러다 회사에서 팔고 있는 휴대전화 액세서리 재고가 눈에 들어온다. 재고에 손을 대기 시작한다.

부정행위를 처음 할 때는 대부분의 사람들은 혹시 내가 한 부정행위를 다른 사람이 알게 되면 창피를 당하지 않을까 하는 불안한 마음이 든다. 하지만 걸리지 않고 무사히 해낸다면 일종의 성취감으로 도파민이 분비되고 쾌감까지 생긴다. 부정행위를 또다시 반복한다. 그리고 부정행위의 규모가 점점 더 커진다.

행동경제학자인 댄 애리얼리(Dan Ariely)가 다음과 같은 재미있는 실험을 했다. 컴퓨터 모니터에 사각형의 좌측 상단에서 우측 하단으로 대각선이 그어져 좌측과 우측에 2개의 삼각형이 보이는 이미지가 있다. 실험이 시작되면 20개의 점이 한꺼번에 나타났다가, 1초만에 사라진다. 당신은 좌측과 우측의 삼각형 중에 어느 쪽에 점이 더 많이 나타났는지를 답하면 된다. 어떤 때는 점이 많은 쪽을 쉽게 알 수 있지만 어떤 때는 양쪽에 분포된 점의 개수가 비슷해 쉽게 알 수 없다. 이 과제를 100회 반복한다. 이를 통해 당신의 판단이 얼마나 정확한지를 알 수 있다. 그리고 컴퓨터는 당신에게 동일한 과제를 200회 더 하라고 말한다. 그런데 이번에는 당신이 내린 판단에 따라 보수를 받는다. 이 보수는 당신의 판단이 맞든 틀리든 상관없이 지급되는데 왼쪽 삼각형을 선택할 때마다 0.5센트를 받고 오른쪽 삼각형을 선택할 때마다 5센트를 받는다. 즉 오른쪽을 선택하면 왼쪽을 선택할 때보다 열 배나 많은 보수를 받는다. 이런 인센티브 구조에서 당신은 이익 충돌에 직면하게 된다. 오른쪽에 점이 더 많이 있을 때는 윤리적으로 아무 문제가 없다. 정직한 대답을 하는 것이고 또한 이럴 때는 0.5센트가 아니라 5센트를 받기 때문이다. 하지만 왼쪽에 점이 더 많을 때 당신은 '왼쪽'이라고 정직한 대답을 할 것인지, 아니면 오른쪽을 선택해 보수를 많이 받을 것인지 결정해야 한다. 실험 결과 사람들은 오른쪽 삼각형을 선택하는 경우가 많아졌다. 과제가 반복될수록 오른쪽 삼각형 선택이 점점 더 많아졌다. 더 흥미로운 사실은 이런 전이가 어떤 시점에 매우 급작스럽게 일어난다는 점이었다. 어떤 시점부터 이들은 조금씩 거짓으로 오른쪽을 선택하던 태도를 버리고 기회가 주어질 때마다 오른쪽을 선택하기 시작했다. 사람들은 자신이 정한 기준을 한 번 깨고 나면 더 이상 자기 행동을 통제하려 들지 않았다.

사람들은 한번 부정행위를 저지르고 나면 이후에는 자신의 도덕적 기준이 느슨해지면서 소위 '어차피 이렇게 된 거'라는 생각이 들게 된다. 그렇게 되면 앞의 실험에서처럼 부정행위가 급작스럽게 늘어나게 된다. 당신이 경영자나 관리자라면 내부통제 절차 등을 수립해서 정직하지 못한 행동이 처음부터 일어나지 않도록 막아야 하고 가급적 초기에 통제해야 한다. 부정행위가 중독으로 자리 잡고 나면 그때는 치유가 되기 어렵다.

07
썩은 사과 한 개

1980년대 미국의 마약 반대운동의 유명한 구호는 '나는 당신을 보면서 그것을 배웠다.'이다. 이것은 마약을 하는 사람의 자녀들도 마약을 하게 된다는 경고이다. 어려서 부모에게 맞고 자란 아이들은 자녀들에게 또 손찌검을 한다고 한다. 만약 직장에서 옆의 동료가 자녀에게 주겠다며 회사에서 개발한 완구 샘플을 가방에 넣고 퇴근을 하는 모습을 본다면 당신은 어떤 생각이 들까? 만약 대부분의 동료들이 야근을 하지도 않으면서 야근 수당을 버젓이 신청하고 있다면 당신은 어떤 생각이 들까? '뭐야, 나만 바보같이 야근 수당 신청을 안 하고 있었잖아?' 하는 다소 억울한 생각이 들 것이다. 우리가 어떤 사람의 부정행위를, 그것도 가까이서 자주 보고 대화하는 사람이 저지르는 부정행위를 본다면 그에 대한 작은 인상이 기억 속에 남고 그로 인해 우리는 예전보다 조금 더 부패한 상태로 변한다고 한다. 그리고 이러한 행위를 여러 차례 보게 되면 이 행위에 대한 반감이 점점 줄어들게 된다. 바이러스처럼 아주 느리고도 미묘하게 우리의 마음속에 전염된다. 그리고 어느 시점이 되면 나도 허위로 야근 수당을 신청하게 된다. 부정은 전염된다.

직장에서 존경하는 상사가 아무렇지도 않게 부정을 저지르고 있음에도 회사로부터 아무 제재도 받지 않는 것을 본 부하 직원이 그 부정을 그대로 따라 하는 사례는 수도 없이 많다. 이것을 '불복종 문화 이론(Culture of Noncompliance Theory)'이라고도 한다. 조직 내에 기준을 준수하는 문화가 없다면 조직의 모든 룰과 정책 및 신뢰가 깨지게 되어 있다. 중견 간부가 회사 법인카드로 수백만 원에 해당하는 개인 비용을 처리한다고 하자. 그가 이러한 행위를 지속적으로 했고 그의 부하 직원은 그의 이런 행위를 여러 차례 보았다고 치자. 그 직원은 상사의 이런 부정행위에 대해 반감이 점점 없어지며 스스로 따라 하게 된다. 특히 그가 그 자리로 승진했을 때는 아주 자연스럽게 똑같이 따라 한다. 잘못된 부정행위임을 알면서도. 나중에 문제가 되면 "나는 단지 상사가 했던 대로 했을 뿐인데 왜 나한테만 잘못이라고 하느냐?"며 나에게만 문제 삼는 것을 부당하다고 주장한다. 불평등과 차별을 당하고 있다고 생각하게 된다.

사람들은 어떤 행동이 적절한 행동이며 또 어떤 행동이 부적절한 행동인지를 판단할 때 다른 사람의 행동을 기준틀로 삼는다. 사람들은 자신이 속한 집단의 구성원이 기준을 벗어난 행동을 스스럼없이 하는 것을 볼 때 자기 내면의 도덕적 범위를 수정해 그 사람의 행동을 자신 행동의 모델로 삼는 경향이 있다. 만약 그 구성원이 부모, 직장상사, 교사 혹은 우리가 존경하는 어떤 권위 있는 사람일 때 이 사람의 행동에 영향을 받을 가능성은 더 커진다. 조직의 경영층이 모범을 보여야 하는 이유가 여기에 있다. 몇몇 경영층이 집단의 규범에서 일탈할 경우 이들은 주변 사람들까지 오염시키고 이렇게 오염된 사람들은 다시 자기 주변 사람들을 오염시키는 과정이 계속 반복된다. 중간관리자가 본인이 맡고 있는 팀을 적절하게 관리·감독하지 않고 방치하는 경우도 마찬가지이다. 부서원들이 회사 경비라고 청구한 것들을 제대로 검토하지 않는 관리자로 소문이 난 경우는 팀원들의 허위 비용 청구는 훨씬 더 많아진다. 비록 이 중간관리자가 본인은 개인적으로 깨끗하고 그런 부정을 저지르지 않는다고 하더라도 제대로 관리·감독하지 않고 방치하는 것만으로도 부정은 조장된다. 썩은 사과 한 개가 광주리에 담긴 신선한 다른 사과를 다 썩게 만드는 것이다.

08
부정은 항상 우리 곁에 있다

2012년 미스코리아 선발대회에 나간 한 참가자 A의 어머니는 대회 일주일 전에 미스코리아 대회를 담당하는 P팀장으로부터 전화를 받는다. 딸 A가 3~7위 안에 들어가니 당선 확률을 높이기 위해서는 심사위원을 매수해야 한다며 1명당 2천만 원의 현금을 요구했다. A의 어머니는 4천만 원을 P팀장에게 전달했다. 하지만 정작 딸은 본선대회 본상 수상자에 오르지 못했다. 화가 난 A의 어머니가 돈을 돌려줄 것을 요구하면서 이 사건이 세상에 밝혀지게 되었다. 결국 수십 년의 전통을 자랑하는 대한민국 최고의 미인 대회도 주최사 직원의 부정에 오랫동안 연루되어 있었던 실체가 밝혀졌다.

(유명식, 「'단독' 미스코리아 선발대회 뒷돈거래 파문」, 『뉴시스』, 2013.10.20.)

부정은 인류가 생성되고 모여 살기 시작하면서부터 우리와 함께 해왔다. 뇌물의 뇌賂는 조개 패자貝에 각자 각各을 붙여 만든 조어로 조개껍데기가 화폐로 통용되는 시절에 뇌물은 '각자 주고받는 조개껍데기'의 의미로 사적으로 오가는 재물을 뜻했다. 뇌물은 고대 이집트 시대에도 사회의 골칫거리였으며 뇌물을 뜻하는 영어 Bribe도 중세시대에는 선물의 의미로 사용되었던 말이다. 이처럼 부정은 우리 주위에서 항상 발생하고 있다.

2009년 KPMG가 미국 기업의 직원 5,000명을 대상으로 조사한 결과, 그중 74%가 지난 1년간 사내에서 일어나는 부정을 직접 목격한 적이 있다고 대답했다. 그중 약 50%는 사내에서 일어난 부정 행위가 일반 대중에게 알려졌다면 회사에 더 큰 손실을 줄 수 있는 심각한 부정행위였다고 대답했다. 2009년 KPMG가 연 매출이 3,000억 원 이상인 미국 기업들에서 근무하는 204명의 고위 임원과 인터뷰를 한 결과 65%의 응답자가 현재 기업에서 부정행위가 벌어지고 있으며 이 부정행위들은 장래 기업에 심각한 위험이 될 수 있다고 응답했다. 언스트 앤 영(Ernst & Young)은 약 1,200명의 전 세계 기업 임원들을 인터뷰한 결과 그 중 약 25%가 지난 2년 동안 그들 회사 내부에 심각한 부정 사고가 있었다고 대답했다. 2010년 미국의 소매업자를 대상으로 한 설문조사(National Retail Security Survey)에 의하면 미국의 소매점 매출 하락의 43%(17조 원)이 종업원 절도에 기인한 것으로 밝혀졌다. 당신의 기업은 어떠한가?

1990년대에 순진한 일반 투자자들을 꼬여 약 20억 원의 폰지 사기를 한 윌리엄 스펜서가 이런 말을 했다.

"대다수의 순진한 일반 사람들은 국가 전체적으로 도둑, 강도들이 끊임없이 사기를 치고 도둑질을 하고 있다는 사실에 대해서 아무엇도 모르고 있다."

부정은 항상 우리 주위에 있었고 지금도 우리 곁에서 일어나고 있다. 부정을 더 이상 남의 일이고 다른 회사에서나 일어나는 일로 치부해서는 안 된다. 당신의 회사가 1인 기업이 아니라 직원을 두고 있는 회사라면 당신의 직원도 부정을 저지르고 있다고 생각하는 것이 안전하다.

09
근무 기간과 부정

회사에서 물건이 없어지면 가장 먼저 새로 들어온 직원을 의심한다. 오래된 회사일수록 경력 입사한 직원들을 좋지 않은 시선으로 본다. 하지만 새로 입사한 직원들은 아직 회사 업무와 내부 규정, 직장 동료들에게도 적응이 되지 않은 상태이기 때문에 부정행위를 저지를 가능성은 오히려 더 낮다.

ACFE 보고서에 의하면 부정 행위자의 93%는 근무한 지 1년 이상 된 직원이다. 10년 이상 회사에 다닌 장기 근무 직원이 저지른 부정행위는 전체의 27%에 해당한다. 근무한 지 1년 미만의 갓 입사한 직원이 부정을 저지른 경우는 6%에 불과했다. 회사를 옮기지 않고 오랫동안 성실히 다니는 직원이라고 해서 부정을 저지르지 않고 있다고 생각하면 오산이다. 근무 기간이 길수록 오히려 부정 행위와의 연관성이 더 커진다고 보는 것이 안전하다. 왜냐하면 오랫동안 근무한 직원일수록 회사와 직장 상사 및 동료들로부터 더 많은 신임을 받고 있으며 대체로 더 많은 권한이 주어져 있고 또한 회사의 내부 절차와 규정을 잘 알고 있다. 반대로 얘기하면 회사의 약점도 가장 잘 알고 있어 그들이 맘만 먹으면 부정 행위를 더 쉽고 더 은밀하게 할 수 있다.

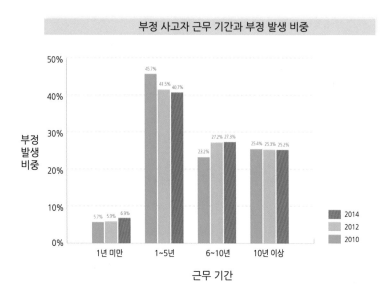

부정 사고자 근무 기간과 부정 발생 비중

그렇다면 부정으로 인한 회사의 손실 규모는 어떨까? 10년 이상 근무한 직원들이 저지른 부정으로 인한 손실 규모는 평균 2.9억 원 ($262,666)으로 1~5년 근무한 직원들이 저지른 손실의 2.5배에 달하고, 1년 미만 직원들이 저지른 손실의 약 10배 이상으로 나타났다.

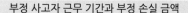

부정 사고자 근무 기간과 부정 손실 금액

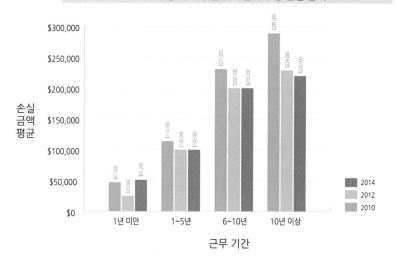

기업 부정은 길거리에서 벌어지는 범죄와는 다르다. 강도가 칼을 들고 편의점 문을 열고 들어가 캐셔를 위협하면서 금전등록기에 있는 돈을 훔친다고 치자, 이 강도의 유일한 목적은 잡히지 않는 것이다. 하지만 편의점에서 일하는 캐셔가 돈을 훔치기로 작정했다면 그는 잡히지 않는 것뿐만 아니라 자기가 돈을 훔친 사실 자체를 숨기는 것이 목적이 된다. 기업의 부정 사고자에게는 부정 사실을 은폐하는 것이 매우 중요한 부분이다. 신분을 숨겨서 누가 훔쳤는지 모르게 해야 하고 또한 돈이 없어진 사실 자체를 숨겨야 한다. 따라서 대부분의 기업 부정 사고는 아무도 모르게 오랫동안 진행된다. 적발되기까지 평균 3~5년이 걸린다. 그리고 적발이 되고 나면 사고 금액이 상당히 커지는 이유도 바로 이렇게 장기간에 걸쳐 이루어지기 때문이다. 즉 오래 근무한 직원이 부정 사고자일 가능성이 더 높다.

10
인센티브와 부정

　직원들이 열심히 일해서 목표를 달성하면 보상을 해주는 인센티브 제도는 기업이 임직원들을 독려하고 성과를 높이게 하는 당근으로 많이 사용하는 방법이다. 직원들은 인센티브를 많이 주는 회사와 경영자를 당연히 좋아한다. 또한 성과를 내고 인센티브를 받기 위해 더욱 열심히 노력한다. 맞는 말이다. 인센티브 제도는 이런 목적으로 활용하기에 매우 합리적인 제도이다. 하지만 일반적으로 생각하듯이 세상이 그렇게 순진하게 돌아가지 않는다.

　영업부서의 실적이 일 년 내내 좋지 않다가도 연말이 되면 갑자기 호전돼서 목표를 달성하고 있는가? 매년 부서별로 목표를 전부 달성했다고 보고하는데, 회사 매출과 이익은 항상 제자리인가? 악마는 늘 디테일에 숨어 있다. 목표 달성과 관련해서 부서 내에서 일어나고 있는 실태를 들여다 보자. 매년 초에 부서별로 목표를 세우면 직원들은 9월쯤 되면 슬슬 발동을 걸고 목표를 채울 준비를 한다. 어떤 부서는 아예 눈감고도 달성할 수 있는 목표로만 잡는다. 그리고 혹시라도 실적이 목표를 초과할 것이 예상된다면 실적을 내년으로 미룬다. 실적을 조절하는 것이다. 영업부서는 매출 목표를 채우기 위해 전 부서원들이 힘을 합쳐서 온갖 부정한 방법을 동원한다. 인센티브를 받아야 한다는 공동의 목표가 있기 때문에 부서원들은 그 어느 때보다 합심하게 된다. 매출 실적을 높이기 위해 판매처에 부탁해서 제품가를 할인해 줄 테니 내년에 발생할 주문을 미리 당겨서 해달라고 부탁하거나 심지어는 내년 초에 반품으로 전량 회수해 줄 테니 일단 주문만 넣어 달라고 읍소를 하기도 한다. 협력업체에 압력을 행사해서 제품을 구매하게 하는 방법도 동원된다. 이 정도는 그래도 약과이다. 일부 직원은 멀쩡한 제품을 불량으로 처리한 후 정상 제품에 얹어 덤으로 제공하면서 판매를 촉진하는 부도덕한 방법까지 쓴다. 직원들에게 동기를 부여하고 공정하게 성과를 높이려고 한 당근이 오히려 거짓과 조작을 조장하는 독버섯이 되기도 하는 것이다.

폴 오이어(Paul Oyer)의 연구 결과에 의하면 평균적으로 기업의 매출은 2분기나 3분기보다 회계 연도인 4분기에 2.7% 상승했으며 1분기 때는 오히려 4.8% 감소했다. 제품 가격은 평균적으로 4분기에 1.7% 인하하고 2분기와 3분기에 비해 1분기는 가격을 0.7% 인상했다. 폴 오이어는 생산의 연내 변동을 설명해 주는 주요 원인이 기간당 할당량을 부과하는 잘못된 인센티브 제도 때문이라는 것을 증명했다.

1978년부터 10년간 미식축구에서 활약한 켄 오브라이언은 최고 수준의 선수였다. 그러나 그가 가진 한가지 치명적인 단점은 패스 실수가 잦아 상대 팀에 공을 자주 넘기는 것이었다. 그의 소속팀 뉴욕 제츠는 고심 끝에 새로운 계약 조건을 내걸었다. 패스 실수를 연봉과 연계시킨다는 조건이었다. 패스를 실수해서 상대 팀에게 공을 빼앗긴 만큼 연봉을 삭감하고, 반대로 패스 실수가 적으면 그만큼 연봉이 올라가는 조건이었다. 결과는 성공적이었다. 왜냐하면 오브라이언은 상대 팀에게 잘못 패스하는 일이 눈에 띄게 줄었기 때문이다. 문제는 같은 팀 선수에게도 공을 패스하지 않게 되었다. 공을 빼앗기지 않으려고 공을 최대한 오래 가지고 있기만 했다.

11명의 노벨 경제학자를 배출한 LSE(London School of Economics)에서 2009년에 인센티브와 성과에 대한 51가지의 개별 실험을 시행한 결과 LSE의 베른트 알렌부슈(Bernd Irlenbusch) 박사는 '경제적인 인센티브 지급이 오히려 직장에서 사람들의 동기를 감소시킬 뿐만 아니라 공정성이나 도덕성을 더 희박하게 한다는 사실을 발견했다.'고 말해 인센티브와 관련한 기존의 사회 통념이 더 이상 통하지 않는다는 것을 확인해 주었다.

열을 내리게 하는 방법에는 두 가지가 있다. 병을 치료하거나 온도계를 조작하는 것이다. 물론 열을 내리기 위해 온도계를 조작하는 일은 거의 없다. 그러나 기업의 성과를 측정할 때 온도계를 조작하는 행위는 자주 일어난다. 이 방법은 온도계를 만질 줄 알아야 가능한데, 방법을 알고 나면 계속 그 방법을 애용하게 된다. 왜냐하면 열을 낮추는 것보다 온도계를 조작하는 것이 더 쉽기 때문이다. 인센티브를 받을 목적으로 얼마든지 평가지표의 허점을 이용할 수 있는 것이 인간이다. 우리는 우리가 원하는 지표를 언제든지 만들어 낼 수 있다. 아무리 완벽한 통계 도구를 만들어 그것을 막아 보겠다고 하더라도 결국 그 도구를 지배하는 것도 인간이다. 인간은 복잡하고 예측 불가능한 존재이다. 성과를 창출하기 위해 제공하는 당근인 인센티브가 오히려 부정을 더 하게 만드는 독이 될 수 있다.

11
소셜미디어와 기업 부정

소셜미디어 시대에 더 이상 비밀은 없다. 기업이 감추고 싶은 비밀이 더 이상 보장되지 않는다. 특히 부도덕한 행위를 하는 기업의 경우, 그런 행위들이 향후에 문제되지 않을 것으로 생각한다면 큰 오산이다. 소셜미디어의 편리한 점에 대해서는 다들 얘기하지만, 소셜미디어의 위험에 대해서 강조하는 사람들은 많지 않다. 특히 기업 운영의 입장에서 소셜미디어로 인한 리스크는 우리가 상상하는 것 이상이다. 간단히 말해 직원들이 각자 대형 언론사를 몇 개씩 가지고 있다고 생각하면 된다.

2013년 5월, 남양유업 영업사원이 대리점주한테 욕설을 한 음성 통화 내용이 유튜브, 페이스북 등을 통해 확산되면서 전 국민이 알게 되었고 TV 뉴스에서까지 다뤄졌다. 네티즌들은 남양유업 직원의 횡포를 남양유업이라는 회사와 결부시켰고 즉시 남양유업 제품의 불매 운동을 시작했다. 수많은 편의점에서는 남양유업 제품의 판매 중단을 시작했다. 일부 편의점에서는 남양유업 제품을 더 이상 판매하지 않는다는 인증 사진을 찍어 인터넷에 올리기도 했다. 사건이 겉잡을 수 없이 번지자 사태 6일 뒤에 남양유업 대표 등 본사 임직원들은 과거의 잘못된 관행을 진심으로 반성하고 모범적인 기업으로 거듭나도록 노력하겠다며 대국민 사과문을 발표하지만 한 달 뒤인 6월 남양유업의 냉장 음료 매출은 전년 대비 86.3%로 급락하였고 주가는 117만 원까지 하던 황금주가 88만 원으로 30%가 폭락하였다. 이 모든 것이 단지 1~2달 사이에 모두 일어난 일이다. 이것이 소셜미디어의 힘이다.

리드의 법칙(Reed' s Law)에 따르면 한 사람이 소셜미디어를 통해 10명의 사용자에게 전파를 하면 이 네트워크의 가치는 2의 10제곱, 즉 1,024명에게 전달되는 효과가 된다고 한다. 이 10명이 또다시 각각 10명에게 배포를 한다면? 대한민국 전 국민이 알게 되는 데까지 실제 얼마 걸리지 않는다. 과거에 남양유업과 같은 정도의 문제는 기삿거리도 되지 않았다. 갑을관계는 당연한 얘기였고 그래서 수십 년간 별다른 잡음 없이 정착되어 왔다. 회사의 부당한 행위에 불만을 가진 직원이 있더라도 그런 불만을 얘기할 곳이 마땅히 없었다. 하지만 지금은 다르다. 원한다면 어디에든 쉽게 그 내용을 인터넷에 올릴 수 있으며 소셜미디어 덕분에 그 전파 속도는 순식간이다. 모 대기업 임원의 항공사 여승무원 막말, 유명 정치인의 나라 밖 성추행 사건 등 과거에는 묻혔을 사건 사고들이 소셜미디어로 인해 이제는 더 이상 수면 아래에서 조용히 사라지지 않는다. 세상은 달라졌다.

당신이 이 책을 읽는 중에도 당신의 직원 또는 누군가가 어디에서 당신의 조직, 회사, 서비스, 상품에 대해서 인터넷에 무언가를 쓰고 있을 수 있다. 그리고 다른 누군가는 그 글을 읽으며 공감을 하고 또 다른 지인에게 전달하고 있을 수 있다. 만약 당신의 회사가 부도덕한 일과 불법적인 행위를 저지르고 있다면? 당신 회사의 임원이 부정을 저지르고 있으며 이를 본 부하 직원이 더 이상 참을 수 없다면? 소셜미디어는 회사 존립에 치명적인 철퇴를 가할 수 있다. 문제는 당신은 더 이상 그러한 메시지를 통제할 수 없다는 것이다. 소셜미디어와 관련된 더 큰 리스크는 소셜미디어의 이런 막강한 파워를 당신과 조직이 깨닫지 못하고 있다는 것이다.

2009년 러셀 헤르더(Russell Herder)의 연구에 의하면 기업 경영진의 51%는 소셜미디어가 무엇인지 몰라서 전혀 사용하지 않고 있으며 그러면서도 경영진의 81%는 소셜미디어가 조직의 중요 보안 위험이 될 수 있다고 믿고 있으며 단순히 종업원들의 생산성을 해칠 뿐만 아니라 기업의 명성에 손해를 줄 수 있다는 것을 두려워한다고 한다. 그런데도 69%의 기업들은 소셜미디어에 대한 임직원의 가이드라인조차 수립되어 있지 않다고 한다. 한마디로 무방비로 노출된 상태인 것이다. 2009년도의 조사 결과이지만 현재의 한국 기업이 처한 현실도 크게 다르지 않을 것으로 생각된다.

회사에서 소셜미디어 사이트가 접속되지 않도록 막거나 임직원들에게 사용을 금지하고 있는 회사도 있다. 이것이 소셜미디어의 위험으로부터 조직을 보호할 수 있는 방법이라고 생각한다면 순진한 생각이다. 요즘과 같은 모바일 환경에서는 누구나 스마트폰을 통해 언제 어디서든 접속하고 소셜미디어를 통해 대화를 주고받을 수 있다. 솔직히 막을 방법은 없다. 오히려 막으려는 시도는 직원들의 반감과 불만을 조장한다. 소셜미디어의 위험을 완화시키는 방법은 소셜미디어에 관한 사용 가이드라인을 수립하고 임직원 교육을 통해 좋은 방향으로 리드해 나가는 방법뿐이다. 그리고 한 단계 더 나아가 소셜미디어가 회사에 보다 긍정적으로 활용될 수 있도록 회사의 중요한 전략으로 보고 접근을 해야 한다. 물론 가장 중요한 것은 기업이 더 이상 부도덕한 행위를 하지 않는 것이다.

12
뇌물 비즈니스의 종말

세상이 달라졌다. 2014년 9월, 영국계 다국적 제약회사 글락소 스마스클라인(GSK)은 중국 내 공직자와 의사, 병원 관계자에게 뇌물을 제공한 혐의로 기소되어 5,000억 원의 벌금 폭탄을 맞았다. GSK 중국 대표와 임원들에게는 징역 2~4년의 실형이 선고되었다. 중국은 한국 기업들에게도 절대 포기할 수 없는 시장이다. 접대와 선물이 만연하고 '관시' 등 인맥이 아니면 중국에서는 사업하기 어렵다는 것이 지금까지의 정설이었지만 이제 중국도 달라졌다. 지금까지 중국에서 이런 비즈니스를 해왔다면 이제는 달라져야 한다. 자칫 별것 아니라고 생각했다가 한 번의 벌금 폭탄으로 회사가 문을 닫을 수 있고 게다가 대표자는 실형까지 선고받을 수 있다. 세계적으로 반부패 금지 분위기가 확산되면서 소위 뇌물 비즈니스는 더 이상 설 자리가 없어지고 있다.

1977년 미국이 제정한 해외부패방지법(FCPA)에 한국 기업들이 표적이 될 가능성이 높아지고 있다. FCPA법은 기업이 사업과 관련해서 해외의 기업, 공무원, 정치 관계자 등에게 주는 모든 가치 있는 것을 뇌물로 간주하고 이런 기업에 벌금을 가하는 법으로 역사상 최초로 미국 자국이 아닌 다른 나라의 공직자에게 돈을 주는 행위까지도 뇌물죄로 단죄하겠다는 의지를 표명한 것으로 소위 전 세계를 대상으로 한 '뇌물단속법'이 제정된 것이다. FCPA는 미국에 자사를 둔 해외 기업뿐만 아니라 미국에 지사가 없는 기업도 대상으로 미국 은행이나 우편, 전신을 거치기만 해도 미국의 관할권 내에 있다고 해석한다. 해외 사업 진출을 위해 고용한 대행사나 외주업체, 유통업자들이 뇌물을 제공해도 고객사가 책임을 져야 한다. FCPA로 인해 4억 6천만 유로의 비자금을 조성해 아시아, 중동 등에 뇌물을 뿌린 사실이 적발된 독일 '지멘스'에 8억 달러라는 사상 최대의 벌금을 물리는가 하면 영국 군수 업체 'BAE시스템'에는 4억 달러, 미국 알루미늄 업체 '알코아'에는 3억 8천만 달러를 물게 했다. 미국 현지 로펌 관계자에 의하면 '미국 법무부가 지금까지 유전, 광산 업종 위주로 FCPA를 적용했다면 앞으로는 IT, 자동차, 조선 업종에 손댈 가능성이 높다.'며 '한, 중, 일 국가 기업들로 파장이 번지는 것은 시간문제다.'라고 말했다. 우리나라가 가입되어 있는 경제협력개발기구(OECD)도 1997년 FCPA와 유사한 뇌물방지협약을 제정해 부패 척결에 나섰다. 한국에서는 2011년에 중국 국영 항공사 지사장에게 뇌물을 제공한 국내 물류 업체 대표 및 여행사 대표를 뇌물방지법 위반혐의로 처음으로 기소한 사례가 나오기도 했다.

중국, 동남아, 중동 등 개발 도상국에 진출하는 한국 기업 입장에서 뇌물은 필수 불가결하다고 생각할 수 있다. 하지만 이제 세상이 바뀌었다. 뇌물은 더 이상 매력적인 카드가 아니라 죽음의 덫이될 수 있다. 특히 그동안 미국 정부로부터 가격 담합 혐의로 가장많은 제재를 받은 바 있는 한국 기업들은 자칫하면 부패방지법의희생물이 될 가능성이 매우 높은 것이 사실이다.

제2장

부정의 이해

부정(Fraud)은 보통 개인의 이익을 위해
상해를 입히거나, 훔치고, 속이고, 거짓말하는
모든 비도덕적인 행위를 말한다.
기업에서 일어나는 부정은
직업 부정(Occupational Fraud)이라고 하며
개인의 이득을 위해 회사의 자원과 자산을
의도적으로 부당하게 이용하는 행위를 말한다.
직업 부정의 행위자는 노동력 제공의 대가로
회사로부터 급여를 받는 사람으로
청소부에서부터 경비, 서무직원, 비서, 사원,
간부, 임원, 대표자까지 포함된다.

* * *

부정의 종류에는 어떤 것들이 있고 사람들이 부정을 저지르는 이유는 무엇일까? 부정을 적발하고 예방하기 위해서는 부정에 대한 이해가 우선되어야 한다. 부정은 인간의 역사와 그 기간을 같이 하며 항상 우리 곁에 있으면서 각종 폐해를 끼쳐 왔지만 이에 대한 연구는 상대적으로 거의 없었다. 특히 살인, 강간, 방화 등과 같은 전통적인 범죄의 경우 그나마 여러 가지 관찰과 연구가 진행되었으나 직업 부정은 산업혁명을 거치며 기업이 생기고 사람들이 기업에서 종업원으로 종사하면서부터 나타난 행위로 이를 부정으로 인식한 것 자체가 얼마 되지 않았다. 따라서 그에 대한 연구도 최근에서야 이루어졌다.

01
직업 부정의 종류

부정(Fraud)은 보통 개인의 이익을 위해 상해를 입히거나, 훔치고, 속이고, 거짓말하는 모든 비도덕적인 행위를 말한다. 기업에서 일어나는 부정은 직업 부정(Occupational Fraud)이라고 하며 개인의 이득을 위해 회사의 자원과 자산을 의도적으로 부당하게 이용하는 행위를 말한다. 직업 부정의 행위자는 노동력 제공의 대가로 회사로부터 급여를 받는 사람으로 청소부에서부터 경비, 서무직원, 비서, 사원, 간부, 임원, 대표자까지 포함된다. '화이트칼라 범죄(White Collar Crime)'라는 용어는 1949년 인디애나 대학의 범죄학자 에드윈 서덜랜드(Edwin H. Sutherland)가 처음 언급했다. 그는 화이트칼라 범죄를 '기업의 직무과정에서 존경을 받거나 사회적 신분이 높은 사람이 저지르는 범죄'라고 정의해서 노동자들이 저지르는 블루칼라 범죄와 다른 양상으로 보았다. 화이트칼라 범죄자들은 보통 계획적이고 교묘한 방법으로 범죄를 행하며, 자신의 위치나 권력을 남용하여 자신의 욕심을 채우려 한다. 피해가 상당하고 해악성이 크지만, 피해가 간접적이어서 반드시 형법상 범죄로서 취급되지 않는다.

가해자도 살인이나 강도 등 일반 범죄를 범하는 것과 같은 죄의식을 느끼지 않는 경우가 많다.

직업 부정의 종류는 크게 '횡령(Embezzlement)', '부패(Corruption)', '회계 부정(Fraudulent Statements)' 3가지로 나눌 수 있다. '횡령'은 회사의 자산을 훔치거나 이를 사적으로 사용하는 것으로 현금 절도, 재고 절도, 허위 경비 청구 등이 있다. '부패'는 본인 또는 다른 사람의 이득을 위해 회사의 이익에 반하는 행위를 하는 것을 말하며, 입찰, 구매, 판매 등 비즈니스 관계에서 개인의 이득을 도모하거나 거래업체에 특혜를 주고 뇌물을 받는 행위를 말한다. '회계 부정'은 회사의 실제 성과를 숨기기 위해 회사 자산이나 매출을 허위로 부풀리거나 축소하여 회계 처리하는 부정을 말한다.

02
직원들은 왜 부정을 저지르는가?

　과거 부정에 관한 이론들은 대부분 살인자, 강간범, 방화범, 사기꾼이 저지른 범죄에 대한 관찰을 통해 이루어졌다. 직업 부정과는 다른 내용이다. 기존의 범죄자들이 저지른 부정으로 회사 내에서 발생하는 직업 부정을 설명하기는 어렵다. 직업 부정과 관련하여 현재 성립된 대부분의 이론들은 1900년대 초기 인디애나 대학 교수인 에드윈 서덜랜드(Edwin H. Sutherland)가 만든 것들이다. 기존 범죄는 빈곤이나 정신 장애 등 인생의 낙오자가 행하는 특수한 현상이라는 견해가 지배적이었으나 그는 처음으로 사회의 지도적 위치에 있는 화이트칼라에 속하는 자가 본인의 업무와 관련하여 사리사욕 때문에 반사회적 행위를 하는 현상이 있음을 지적하며 기존의 범죄관犯罪觀을 수정할 것을 주장하였다. 그는 사람들이 범죄 유형과의 접촉을 통하여 범죄자로 되어 간다는 차별적 접촉을 범죄의 원인으로 주장하였다. 한마디로 부정은 수학을 배우고 기타 치는 법을 배우는 것과 마찬가지로 학습을 통해서 배우게 되고, 학습은 주로 주변의 친밀한 사람들과의 상호 작용을 통해 일어난다는 것이 이 이론의 중심 내용이다. 결국 부도덕한 직원으로부터 정직한 직원이 부정을 배우게 된다는 것이다. 기업 내의 직원들이 부정을 저지르는 이유에 대해서는 여러 가지 학설과 주장이 있는데 그 중에서도 가장 설득력이 있는 이론 몇 가지만을 살펴보자. 직원들이 부정을 저지르는 원인을 알아야 이를 막을 방법을 알 수 있지 않겠는가?

1) 부정삼각형 이론

에드윈 서덜랜드 교수의 제자였던 도널드 크레시(Donald R. Cressey) 박사는 '부정삼각형'이라는 가설로 직업 부정을 설명했다. 이 부정삼각형 가설은 기업에서 직원들이 부정을 저지르는 이유를 설명할 때 아직도 가장 많이 인용되는 이론이다. 그는 200명의 횡령 사고자들을 인터뷰하면서 그들이 유혹에 넘어가는 이유를 연구한 결과를 토대로 부정삼각형을 만들었다. 부정삼각형의 첫 번째는 다른 사람과 공유할 수 없는 자기만의 '인지된 압력(Perceived Pressure)', 두 번째는 '인지된 기회(Perceived Opportunity)', 세 번째는 '자기 합리화(Rationalization)'이다. 크레시 박사는 압력, 기회, 합리화의 3가지 요소가 다 함께 충족되면 부정이 일어난다고 보았다.

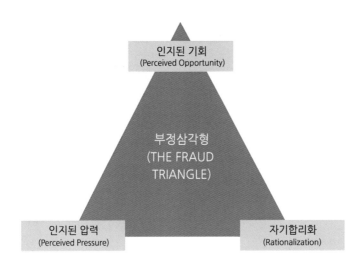

인지된 기회
(Perceived Opportunity)

부정삼각형
(THE FRAUD
TRIANGLE)

인지된 압력
(Perceived Pressure)

자기합리화
(Rationalization)

　부정삼각형의 첫 번째인 인지된 압력은 흔히 직원들이 부정을 저
지르는 가장 큰 요인이다. 보통 경제적 압력이 대부분을 차지한다.
수십 년을 한 직장에서 성실히 근무해 오던 직원이 자녀의 수술비
를 마련하기 위해 회사에서 횡령을 저지르는 경우를 말한다. 도박
에 빠져 도박 자금을 마련하기 위해 또는 도박 빚을 갚기 위해 횡령
을 하는 경우도 생각할 수 있다. 일부 직원은 카드값을 막기 위해,
사치스러운 생활을 유지하기 위해서 부정을 저지른다. 대부분 물질
적인 욕심에서 시작된다. 크레시 박사는 단순히 경제적 압력만을
얘기한 것이 아니라 남들과 공유할 수 없는 그들만의 경제적인 이
유를 언급했다. 즉 본인의 경제적 문제가 다른 사람과 공유되어 지
인에게 돈을 꾸거나 은행 대출 등으로 해결이 된다면 부정은 일어

나지 않을 수 있다. 자녀 수술비가 필요한 성실한 가장에게는 회사가 직원에게 대출을 해주는 복지제도가 있었다면 아마도 부정이 일어나지 않을 수도 있다. 이처럼 부정이 발생하는 원인을 알고 대처한다면 부정을 예방할 수 있는 방법을 찾을 수 있다. 경제적인 압력이나 경제적인 필요 없이 심심풀이로 부정을 저지르는 직원은 거의 없다. 따라서 자금팀이나 경리팀 직원을 뽑을 때는 가능한 한 경제적으로 궁핍하지 않은 사람을 뽑는 것도 고려할 필요가 있다. 또한 항상 직원들에게 관심을 가지면서 그들이 처한 경제적 사정을 알고 현명하게 대처하는 것이 부정을 예방하는 길이다.

부정삼각형의 두 번째 요인은 인지된 기회이다. 부정을 저지를 기회를 인지하게 되면 직원들은 부정을 저지르게 된다. 기회란 부정이 발생하는 것을 허용하는 회사의 환경을 말한다. 직원이 부정을 저지르는 기회의 정도는 일반적으로 그 직원이 회사의 자산과 각종 기록에 접근할 수 있는 권한에 의해 결정된다. 따라서 내부통제 절차가 허술한 회사는 그렇지 않은 회사보다 부정이 훨씬 더 많이 발생한다. 그만큼 부정하기가 쉽고 부정을 할 기회가 많기 때문이다. 직원이 거래처 계정을 허위로 만들 수 있고 그렇게 만든 거래처에 대금을 지급하는 권한까지 가지고 있다면 그렇지 않은 회사보다 부정의 기회가 많은 것이다. 적절한 관리 · 감독과 철저한 업무의 분리는 부정을 저지르고 부정에 성공할 기회를 현저히 줄일 수 있다. 기업 내 감사팀이 존재한다면 이 또한 부정이 생길 기회를 줄이는 역할을 할 것이다. 하지만 내가 부정을 저지르더라도 아무도 신경 쓰는 사람이 없고 나 혼자 가지고 있는 권한만으로도 아무도 모르게 부정을 저지를 수 있다는 것을 깨달은 직원은 부정을 저지르게 된다. 기회를 인지한 것이다. 기업의 부정 예방 프로그램은 대부분 이러한 기회를 줄이는 역할을 한다.

마지막으로 합리화이다. 경제적인 압력과 부정의 기회가 함께 충족되었다고 해서 모든 직원이 부정을 저지르는 것은 아니다. 도덕과 양심이 있는 직원은 부정을 저지르지 않는다. 우리는 대부분 스스로를 도덕적이고 선량한 사람이라고 여긴다. 스스로가 부도덕하다고 생각하는 사람은 많지 않다. 그렇다면 부정을 저지르는 직원들은 모두 도덕과 양심이 없는 사람들일까? 그렇지 않다. 아무리 훌륭한 도덕성과 양심이 있는 사람들도 부정을 저지르는 경우가 많다. 왜냐하면 자기가 한 행위를 부정행위라고 생각하지 않기 때문이다. 즉 스스로의 부정행위를 합리화하기 때문이다. 오히려 스스로가 회사의 피해자라고 생각한다.

"난 단지 돈을 빌린 것뿐이야. 나중에 꼭 갚을 거야. 이건 그리 큰돈도 아니잖아. 일단 지금은 급하니 필요한 만큼만 쓰고 그만해야지. 남들도 다들 하는데 뭐. 좋은 게 좋은 거지. 회사가 나에게 잘못한 것도 많잖아."

합리화는 수단을 정당화하는 것을 말한다. 이처럼 자신의 행동을 합리화하기 때문에 본인의 도덕성과 양심으로는 막을 수 없다.

2) 부정 눈금자(Fraud Scale) 이론

브리햄 영 대학의 스티브 알브레히트(Steve Albrecht) 박사는 1980
년대에 212명의 부정 사고자를 분석하여 직업 부정을 저지르는 3
가지 동기를 주장했다. '상황적인 압력', '인지된 기회', 그리고 '개
인 도덕성' 3가지이다. 상황적 압력은 개인 채무나 경제적 손실과
같은 개인이 처한 환경적인 문제들을 말했다. 인지된 기회란 개인이
나 회사의 내부통제절차가 없거나 결점이 있는 것을 말한다. 개인
도덕성은 각각의 개인이 가지고 있는 도덕적 행동의 기준을 말한
다. 알브레히트 박사는 이 3가지 동기로 그림 2와 같이 '부정 눈금
자(Fraud Scale)'를 개발했다. 그는 상황적인 압력과 인지된 기회가 높
고 개인 도덕성이 낮을 때 직업 부정은 훨씬 더 일어나기 쉽다고 보
았다.

부정 발생 가능성	최고	최저
인지된 압력	고	저
기회	고	저
도덕성	저	고

압력 고		압력 저
기회 고		기회 저
개인 도덕성 저	부정 눈금자	개인 도덕성 고
부정 리스크 고		**부정 리스크 저**

3) 부정 다이아몬드(Fraud Diamond) 이론

2004년에 데이비드 울프(David T. Wolfe)와 데이나 허맨슨(Dana R. Hermanson)은 부정삼각형에 한 가지 요소를 더해 부정 다이아몬드를 부정의 원인으로 발표했다. 그 네 번째 요소는 바로 '역량(Capability)'이다. 역량은 인지된 압력, 인지된 기회, 합리화가 이루어진 상태에서 실질적으로 부정을 저지르는 중요한 역할을 하는 개인적인 성향과 능력을 말한다. 개인은 업무상 부정을 저지를 수 있는 기능을 가지고 있을 수 있다. 하지만 그들이 실제 부정을 수행하는 역량은 제한적이다. 기회가 부정으로 가는 문을 열었다면 경제적 압력과 합리화는 부정 사고자가 문 쪽으로 다가가게 한다. 하지만 결국 부정 행위자는 그 열린 문을 통해 밖으로 나갈 적절한 능력이 있는 사람이어야 한다는 것이다. 역량은 부정 행위자의 지식, 창의성, 자아를 포함한 개인 성격과 성향을 말한다. 부정 사고자는 '내부통제시스템의 약점을 알고 이를 피해갈 수 있으며 자신의 업무상 지위, 기능과 권한을 최대한 활용할 수 있을 정도로 지식이 있어야 한다.'는 것이다. 역량은 또한 자신감과 부정을 저지르면서 발생할 수 있는 스트레스를 조종할 수 있어야 한다

4) MICE 모델

1978년 월마트는 토머스 코글린(Thomas Coughlin)을 손실예방 담당국장(Director of Loss Prevention)으로 고용했다. 이후 코글린은 수십 년간 월마트에서 일하면서 성과를 인정받아 월마트에서 가장 실세인 부회장까지 되었다. 하지만 2005년 4월 월마트의 이사회는 부정과 사기죄로 코글린을 해고한다.

2005년 3월자 월스트리트저널 보고서에 의하면 '코글린은 그의 개인 비용 처리를 위해 정기적으로 부하 직원으로 하여금 허위 대금 청구서를 만들게 하고 월마트가 지불하게 했다. 이런 행위는 5년 동안 수백 회에 달했으며 그중에는 휴가에 가서 신으려고 산 1,359불짜리 악어 부츠와 아칸사스 집에 둘 2,590불짜리 개집이 포함되어 있다.' 이러한 개인 비용 처리 금액은 약 1억 원에서 5억 원 정도에 달했다. 2006년에 코글린은 월마트로부터 현금, 선물카드, 상품 등을 횡령한 죄로 유죄 판결을 받는다. 흥미로운 것은 코글린이 해고되기 바로 전해에 월마트가 그에게 지급한 인센티브는 60억 원 가까이 된다는 것이다. 60억 원의 인센티브를 받는 그가 5년간 겨우 수십만 원에서 수백만 원 정도의 횡령을 지속해서 해왔다는 것이다. 코글린의 이러한 행동은 부정삼각형이나 부정 다이아몬드로는 설명이 되지 않는다. 그에게는 경제적 압력이라는 동기가 없었기 때문이다.

코글린과 같은 행동은 회계 부정을 저지른 다른 백만장자 CEO나 CFO들에게 나타나는 행동과 비슷하다. 회계 부정의 경우 부정삼각형의 첫 번째 꼭짓점인 경제적인 압력이 원인이기 보다는 오히려 금전적인 인센티브, 보너스, 스톡옵션과 같은 금전적인 보상이 원인으로 볼 수 있다. 그들은 금전적인 보상, 즉 돈을 받기 위해서는 회사의 재무 성과를 더 좋게 만들어야 한다는 것에 압력을 느낀다. 이러한 압력은 크레시가 주장한 경제적인 압력과는 확실히 다른 압력이다. 이러한 문제를 강조하기 위해 제이슨 토머스(Jason Thomas) 교수는 부정 행위자의 동기를 MICE로 제안했다. 즉 '돈(Money)', '사상(Ideology)', '강압(Coercion)', '자존심·특권의식(Ego·Entitlement)' 4가지를 부정의 원인으로 설명했다. 엔론, 월드컴 등의 대형 회계 부정 사례를 보면 부정 행위자들은 돈(Money)과 그들이 가진 자존심·특권의식(Ego·Entitlement) 때문에 부정을 저지른 것으로 볼 수 있다. 강압(Coercion)에 의한 경우도 있다. 실제 코글린은 부하 직원인 패치 스티븐스(Patsy Stephens)으로 하여금 허위 견적서를 만들고 그녀의 은행 계좌를 통해서 돈세탁을 하도록 압력을 행사한 것으로 확인되었다. 마지막으로 사상(Ideology)은 보통 탈세자들과 관련이 있다. 예를 들어 탈세하는 사람들은 정부가 그의 돈을 가져갈 자격이 없다고 생각하는 등 자신만의 사상이 있다. 사상가들은 수단을 정당화한다. 이런 사람들은 자신의 믿음에 따라 더 큰 선을 위해 경제 범죄나 부정행위에 참여하거나 돈을 훔친다. 이 MICE 이론은 다른 이론들이 설명하지 못하는 일부 특정 카테고리를 잘 설명하고 있어 참고할 만하다.

5) 상습범과 우발적 부정 행위자 이론

직업 부정을 저지르는 사람들의 일반적인 캐릭터는 다음과 같이 알려졌다. 과거에 부정을 저지른 적이 없는 초범인 경우가 많고 중년의 나이에 교육을 잘 받은 사람이며 회사에서 신뢰를 받는 직원이다. 또한 책임과 권한이 있는 직무를 맡고 있으며 회사에서뿐만 아니라 사회단체 등 외부단체에서도 선량한 시민으로 인정받는 사람인 경우가 많다. 이러한 사람들이 주로 경제적 압력 등에 굴복하여 부정행위를 저지른다. 크란처(Krancher), 라일리(Riley)와 웰스(Wells)는 그들의 저서에서 이런 타입의 부정 행위자를 우발적 부정 행위자로 규정했다. 우발적 부정 행위자들은 그들이 부정행위를 저질렀다 하더라도 기본적으로는 선량하고 법을 잘 지키는 사람들이다. 즉, 보통 상황에서는 절대 법을 어기거나 다른 사람에게 해를 끼치지 않는 사람들이다. 크란처와 라일리, 웰스는 크레시가 주장한 부정삼각형은 이러한 우발적 부정 행위자들을 염두에 두고 만들어진 것이라고 주장한다.

만약 개인이 전에 다니던 회사에서 이미 부정을 저지른 적이 있다면? 한번 부정행위를 저지른 사람은 점점 더 큰 부정행위를 저지르는 경향이 있다는 것은 앞에서 이미 알아보았다. 이런 사람들을 우리는 상습범이라고 부른다. 이러한 상습범들은 새로운 회사에 취직이 되자마자 그들이 부정을 저지를 수 있는 구멍이 어딘지부터 찾기 시작한다. 물론 대부분의 우발적 부정 행위자들도 그들의 부정행위가 적발되지 않는다면 어느 시점이 지나면서부터 더 이상 우발적 부정 행위자가 아니다. 즉 우발범의 행동에서 점점 상습범의 행동으로 옮겨 가기 시작한다. 회계 부정을 저지른 부정 행위자들은 대부분 처음에는 우발적인 부정행위로 시작하지만 얼마 지나지 않아 바로 상습범이 된다. 상습범들은 초범보다 훨씬 더 정교하고 치밀하다. 그들은 자신의 행위를 숨기는 방법을 잘 알고 있으며 감사자나 내부통제장치 들을 어떻게 피해가고 만약에 문제가 되었을 때 어떻게 대처할지도 준비를 해놓고 있다. 상습범들은 항상 기회를 찾고 있으며, 기회가 발견되면 부정을 저지른다. 이들에게는 부정삼각형의 다른 두 꼭짓점인 경제적인 압력이나 합리화가 더 이상 동기로 필요하지 않다. 대신 오만함과 범죄 의식이 이들을 대체한다. 이것을 반영한 새로운 부정 다이아몬드는 다음 그림과 같다. 이 부정 다이아몬드는 우발적인 초범과 상습범 모두의 동기를 잘 설명해 준다.

부정을 저지르는 원인에 대한 최근까지의 대표적인 이론들을 살펴보았다. 앞에서 거론된 이유 외에도 회사나 상사에 대한 불만으로 인해 부정을 저지르는 사람도 있으며 주위 동료나 고객을 도와주기 위해 부정을 저지르는가 하면 그냥 아무 이유 없이 습관적으로 부정을 저지르기도 한다. 즉 앞에서 거론된 이론들로 모든 원인이 설명되지는 않는다. 하지만 공통된 주요 원인을 찾음으로써 많은 통찰력(Insight)을 얻을 수는 있다. 주요 원인을 알면 효과적인 대책을 세울 수 있기 때문이다. 실제로 회사에서 부정을 할 수 있는 기회를 줄이기 위해 내부통제장치가 필요하며 직원들의 경제적 압력을 해소하기 위해 사내에 대출 프로그램을 두거나 자기 합리화를 막기 위해 유혹의 순간에 도덕성을 상기시키는 윤리 서약을 하는 등의 방안들이 있으며 실제 많은 기업이 활용하고 있다. 이러한 방법들에 대해서는 뒤에서 좀 더 자세히 알아보도록 하겠다.

03
전형적인 부정 행위자

그렇다면 부정행위를 하는 사람들의 특징은 무엇일까? 2011년 KPMG가 69개 국가에서 발생한 348개의 실제 직업 부정 사고 사례들을 분석하여 '전형적인 부정 행위자가 누구인가?'라는 리포트를 발간한 적이 있다. 이 리포트에 의하면,

1. 부정 행위자의 76%는 36~55세이며 87%는 남자이다.

20대~30대 초반 젊은 직원들은 상대적으로 부정행위를 덜 저지른다. 또한 일반적으로 여자가 남자보다 도덕성이 높은 것으로 알려졌다.

2. 부정 행위자의 82%는 관리자이며 53%는 이사회를 포함한 고위 경영진이다.

기업 부정의 경우 본인의 권한을 이용해서 하는 부정이 대부분이다. 따라서 회사에서 권한을 보유한 사람들이 주요 부정 행위자가 될 가능성이 높다. 특히 고위경영진은 회사의 중요한 비밀 정보에

깊숙이 관여되어 있는 사람들이기 때문에 기업에는 가장 큰 해를 끼칠 수 있는 가능성이 있다.

3. 부정 행위자의 89%는 근무한 지 2년 이상 된 직원이다. 부정 행위자의 60%는 근무 기간이 5년 이상 된 직원들이며 33%는 10년 이상 회사에 다닌 장기 근무 직원이었다.

근무한 지 2년 미만의 직원이 부정을 저지른 경우는 11%에 불과했다. 회사를 옮기지 않고 오랫동안 다니고 있는 직원이기 때문에 믿을 수 있으며 부정을 저지르지 않고 있다고 생각하면 큰 오산이다. 이런 직원일수록 회사와 직장 상사 및 동료들로부터 더 많은 신임을 받고 있으며 대체로 더 많은 권한이 주어져 있다. 또한 회사의 내부 절차와 규정을 잘 알고 있다. 물론 회사의 약점도 가장 잘 알고 있다.

4. 부정 행위자의 96%는 한 번의 부정행위에 그치지 않고 수차례에 걸쳐 부정행위를 지속해왔으며 부정행위가 적발되기까지 평균적으로 3.4년이 걸린다.

결국 부정행위를 하지 않은 직원도 어떤 이유로든 한 번 부정행위를 하게 되면 적발되기 전까지는 지속적으로 하게 될 가능성이 높다고 볼 수 있다.

5. 혼자서 한 가지 일을 도맡아서 하는 직원이 기업 부정에서 가장

큰 위험이었다.

혼자서 도맡아서 일을 하는 경우는 대부분 견제 장치가 없다. 즉 부정삼각형으로 볼 때 아무도 모르게 부정을 저지를 기회가 열려 있는 것이다.

6. 부정 행위자의 68%는 혼자서 독립적으로 부정을 저지른다.

공모를 통한 부정행위보다는 은밀한 개인플레이가 더 많다. 따라서 관심을 가지고 확인하지 않는다면 알 수가 없다.

7. 부정 행위자의 90%는 본인이 다니는 회사를 상대로 부정을 저지른다.

자기가 가장 잘 알고 있고 문제가 생기더라도 빠져나갈 방법을 강구할 수 있기 때문에 본인이 다니는 회사의 본인의 업무와 관련된 부정이 대다수이다.

8. 부서별로는 재무관리부서에서 부정행위가 가장 많았고 그다음은 CEO, 운영부문, 영업부문의 순이다.

회사의 자금을 운용하고 관리하는 부서인 재무관리부서의 부정행위가 가장 많다. 혹시 당신의 회사는 어떠한가? 재무관리부서에 모든 일을 너무 믿고 맡기고 있는 것은 아닌가?

9. 가장 많이 발생한 부정 사고는 횡령이며 그다음으로 회계 부정

도 43%에 달한다.

결국은 돈이다. 기업 부정의 대부분이 기업의 자금을 훔치는 횡령 사고이기 때문에 횡령을 오랫동안 방치하면 회사가 넘어가는 것이다.

10. 74%의 부정행위는 회사의 부실한 내부통제시스템을 악용해서 부정을 저질렀다.

회사가 견실하게 지속 성장을 하기 위해서 내부통제시스템은 필수이다. 이러한 내부통제장치 없이도 직원들이 알아서 잘해 주기를 바라는 것은 너무 순진한 발상이다. 더 적극적으로 내부통제를 해 줘야 한다. 오히려 그것이 직원들을 부정의 함정에 빠지지 않게 하는 방법이다. 또한 성실하고 우수한 직원들을 일부 부정 행위자로부터 보호하는 길이다. 그것이 바로 회사를 안정적으로 성장시키는 기반이다.

제3장

부정 뿌리 뽑기

부정은 리스크이다.
기업에는 여러 가지 리스크가 있지만,
부정은 그중에서 기업의 시간과 노력을
최우선으로 투자해야 할 가장 위험한 리스크이다.
하지만 리스크를 완전히 없앨 수 있는가?
리스크는 없애는 것이 아니라 관리하는 것이다.
조직 내 부정을 임계점 이하로
관리하는 것이 목표가 되어야 한다.
조직 내 부정이 임계점을 넘은 기업들은
평균 수명을 절대로 채우지 못한다는 사실을 기억하자.

* * *

　역사적으로 국가든 기업이든 흥망성쇠를 되풀이해 왔다. 이 과정에서 국가나 기업이 성장하고 발전하는 방법은 여러 가지가 있지만 망하는 원인은 하나로 귀결된다. 국가의 경우 지도자와 관리자의 만연한 부정, 부패로 시작된 망조가 국민에게까지 전염되는 경우 그 국가는 얼마 가지 않아 망했다. 국가 리더십의 부정과 부패로 인해 국가의 경쟁력이 쇠퇴하게 되고 결국 국민들의 혁명으로 새로운 왕조가 탄생하거나 인접 국가와의 전쟁에 패해 새 왕조가 탄생한다. 동양과 서양의 모든 왕조와 역사가 이를 명확하게 말해 준다.

　기업의 경우도 마찬가지다. 기업의 평균 수명은 대략 30년 정도라고 한다. 한국의 제조업 평균 수명은 23.9년이다. 지금은 더 줄어서 기존 산업은 20년, IT산업은 10년을 넘기기 어렵다고 한다. 기업이 도산하는 원인도 CEO와 중역들, 직원들의 부정, 부패 때문이다. 기업 내 부정, 부패가 심해지면 그 기업은 경쟁력을 잃고 망하는 수순을 걷는다. 기업이 도산하는 원인이 부정, 부패가 아니라고 주장하는 사람도 있을 것이다. 다른 회사와의 경쟁에서 뒤처져서 도산하거나 인수 합병되었다고 주장할 수도 있다. 하지만 경쟁에서 뒤처졌다는 것은 현상이며 결과일 뿐이다. 왜 뒤처질 수밖에 없었는가? 경쟁력을 회복하기 위해 기업이 생존하기 위해 제 살을 깎아가며 도입했던 각종 선진 경영기법들이 왜 효과를 발휘하지 못했을까? 그 내막을 더 깊숙이 들여다보면 회사 중역들과 직원들의 부정으로 귀결됨을 알 수 있을 것이다.

부정이 만연해 있으면 그 어떤 처방도 효과가 나타나지 않는다. 바로 보이지 않는 검은 손이 작용하는 것이다. 혹자는 회사가 투자를 잘못해서 도산했다고 주장할 수도 있다. 그렇다면 투자가 잘못된 원인은 무엇이었는가? 회사에 투자를 제안한 사람이 개인의 사리를 위한 부정한 생각으로 투자를 하도록 권유했거나 투자를 검토한 직원이 뇌물을 받고 투자에 적극적으로 찬성했을 수도 있다. 투자로 인해서 가장 이익을 본 사람이 누구인지를 보면 답을 알 수 있다. 2008년 미국의 서브프라임 모기지 사태도 결국은 금융권의 도덕적 해이, 즉 부정을 근본 원인으로 결론 내릴 수 있다.

모든 망조의 씨앗은 부정이다. 하지만 부정을 완전히 뿌리 뽑을 수는 없다. 부정이 없는 이상적인 기업은 1인 기업 말고는 없다고 봐야 한다. 하지만 우리는 1인 기업을 조직이라고 말하지 않는다. 동일한 목표를 위해 여러 사람이 모인 단체를 조직이라고 한다. 사람은 기계와 다르다. 아무리 동일한 목표를 위해 모였다 하더라도 사람들은 모두 제각각이다. 저마다 생각하는 바가 다르고 처한 사정이 다르다. 이런 다양한 사람들이 다양한 생각으로 모인 조직을 부정이 전혀 없는 조직으로 만들겠다는 것은 현실과 동떨어진 생각이다.

결론적으로 조직 내 부정을 뿌리 뽑을 수는 없다. 그러면 어떻게 하자는 말인가? 부정을 적정 수준 이하로 관리해야 한다. 부정에도 임계점이 있다. 직원들의 부정행위가 적정 수준, 임계수준을 넘어가게 되면 부정행위가 당연시되어 모든 직원이 암묵적으로 따라 하게 된다. 부정에 동참하지 않는 직원이 오히려 웃음거리가 된다. 더 나아가 서로 경쟁적으로 부정을 저지른다. 이 정도 수준이 되면 그 회사는 어떤 극약 처방도 통하지 않는다. 결국 그 회사는 얼마 안 가서 반드시 문을 닫게 된다. 부정은 리스크이다. 기업에는 여러 가지 리스크가 있지만, 부정은 그중에서 기업의 시간과 노력을 최우선으로 투자해야 할 가장 위험한 리스크이다. 하지만 리스크를 완전히 없앨 수 있는가? 리스크는 없애는 것이 아니라 관리하는 것이다. 조직 내 부정을 임계점 이하로 관리하는 것이 목표가 되어야 한다. 기업의 평균 수명이 30년이라고 하지만 100년을 넘게 생존해 온 기업들도 있다. 차이가 무엇일까? 조직 내 부정이 임계점을 넘은 기업들은 평균 수명을 절대로 채우지 못한다는 사실을 기억하자.

지금부터 부정을 임계점 이하로 유지하기 위해 기업에서 체크하고 관리해 나가야 할 16가지 부정방지 체크포인트와 그 방법을 설명하겠다. 특히 감사팀이 없는 중소기업의 경우 여기 있는 16가지 핵심 포인트만 잘 관리하더라도 큰 부정은 막을 수 있다고 생각한다. 반드시 하나하나를 체크해 가면서 회사에 도입하기를 바란다. 한 달에 한가지씩만이라도 만들어 가겠다고 생각해도 좋다. 중요한 것은 실천이다. 아직까지 전혀 부정에 대한 관리가 없는 조직이라면 바로 시작하길 바란다. 체크포인트를 회사에 도입해 가는 과정에서 반드시 많은 거부와 저항이 있을 것이다. 당연하다. 부정과 관련해서는 경영자 스스로가 보여주는 확고한 자세와 흔들리지 않는 의연한 리더십이 중요하다.

■
조직 자가 진단

당신의 회사는 직업 부정에 얼마나 취약한가? 당신의 회사는 부정을 방지하기 위한 적절한 내부통제 절차가 있는가? 부정 관련 16가지의 핵심 체크포인트를 시작하기 전에 우선 회사의 현재 부정 예방 수준을 자가 진단해 보고 현 수준을 파악할 필요가 있다. 필자가 속해 있는 부정감사협회(ACFE, Association of Certified Fraud Examiners)에서 기업의 부정 예방 시스템이 어느 정도 갖추어져 있는지를 스스로 체크해 볼 수 있는 '부정 예방 Check-up'이라는 툴을 만들었다. 간단한 테스트이지만 당신 회사의 부정 관련 건강 상태를 알 수 있으므로 스스로 솔직하게 테스트해 보길 바란다. 그리고 결과를 통해 본인의 회사에서는 어떤 프로세스가 더 필요한지 깨닫기를 바란다.

이 테스트는 100점 만점이다. 즉 100점이 테스트 통과 점수이다. 이 테스트의 목적은 당신 회사의 부정 예방 프로세스의 약점을 찾는 것이기 때문에 100점에서 80점을 성취하더라도 20점은 개선할 필요가 있다고 생각하면 된다. 하지만 대부분의 회사들은 100점에서 심각하게 모자란 점수가 나올 것이다. 지금까지 부정 관련한 예방책을 한 번도 적용해 본 적이 없는 회사라면 이 테스트는 그냥 패스하고 다음 챕터로 넘어가자.

ACFE 부정 예방 Check-up

회사명: _____

일　시: _____

Question	Point
1. 부정 리스크 관리 절차 - 이사회와 같이 관리 감독의 권한이 있는 부서 내에 사내 부정 리스크에 대한 관리 절차가 어느 정도 수립되어 있는가? 배점: 절차가 없는 경우 0점 절차가 잘 갖춰져 있고 그 절차를 매년 검증하고 있으며 효과적으로 작동하고 있다면 20점	
2. 부정 리스크 관리 권한 - 각 부서에 부정 리스크 관리 책임자들이 정해져 있으며 이들과 소통하며 회사 내 부정 리스크를 관리할 책임이 있는 고위 경영진이 정의되어 있는 등 부정 관련 관리 권한이 어느 정도 확립되어 있는가? 배점: 절차가 없는 경우 0점 절차가 잘 갖춰져 있고 그 절차를 매년 검증하고 있으며 효과적으로 작동하고 있다면 10점	
3. 부정 리스크 평가 - 회사의 중대한 부정 리스크를 정기적으로 점검하고 확인하는 프로세스가 어느 정도 갖추어져 있는가? 배점: 절차가 없는 경우 0점 절차가 잘 갖춰져 있고 그 절차를 매년 검증하고 있으며 효과적으로 작동하고 있다면 10점	

4. 부정 리스크 허용 한계와 관리 방침

- 이사회가 다양한 종류의 부정 리스크에 대한 허용 한계를 정의하였는가?(예로 어떤 부정은 사업을 위해 감수할 수도 있으며 어떤 부정은 재무적으로나 회사 평판에 치명적인 리스크가 되어 반드시 관리해야 한다)
- 각 부서가 각각의 부정 리스크를 어떻게 관리해야 하는지에 대한 방침이 이사회에 의해서 승인되고 정의되어 있는가? 이 방침은 사업을 포기하더라도 거부해야 하는 부정, 보험이나 계약을 통해 리스크를 이전할 수 있는 부정, 관리를 하면서 불가피하게 유지해야 하는 부정 등이 정의되어 있으며 각각에 필요한 관리 절차 등이 정의되어 있는가?

배점: 절차가 없는 경우 0점
절차가 잘 갖춰져 있고 그 절차를 매년 검증하고 있으며 효과적으로 작동하고 있다면 10점

5. 부정 통제 프로세스

- 정기적인 부정 리스크 평가로 주요 부정들이 발견될 경우 프로세스 재설계를 통해 부정 리스크를 제거하거나 줄이는 등 일련의 부정 통제 절차가 어느 정도 실행되고 있는가?(기본적인 통제 절차는 권한과 관련된 업무를 분리시키고, 회사 자산을 적절히 보관 관리하며, 거래 기록을 남기는 것을 포함한다)
- 조직이 리스크 평가를 통해 발견된 중대 부정 리스크를 적발, 억제, 예방하기 위한 프로세스를 어느 정도 실행하고 있는가? 예를 들어, 판매 담당이 판매 인센티브를 받을 목적으로 매출을 허위 보고하는 부정 리스크를 막기 위해 일정 금액 초과 시 해당 부서 팀장에게 승인을 맡게 하는 등 효과적인 모니터링을 통해 리스크를 억제하고 있는가?

배점: 절차가 없는 경우 0점
절차가 잘 갖춰져 있고 그 절차를 매년 검증하고 있으며 효과적으로 작동하고 있다면 20점

6. 부정 통제 환경

- 대형 부정은 사내 부정 통제 프로세스를 자신의 권한을 이용하여 어기는 고위 임원이 관여되어 발생한다. 따라서 대형 부정을 예방하기 위해서는 도덕적 행위를 권장하고, 잘못된 행위를 억제할 뿐 아니라 모든 직원들이 언제든지 그러한 부정행위를 목격했을 때 사내의 적절한 사람과 이 문제를 소통할 수 있는 근무 환경이 조성되어 있어야 한다. 고위 임원은 만약 직원들이 그가 부정이나 범죄를 저지르는 것을 방조하거나 도와주지 않는다면 더 이상 부정을 저지르지 못하기 때문이다.

- 조직이 도덕적 행위를 권장하고, 잘못된 행위를 억제하며, 어려운 문제에 대해 쌍방향 소통을 조장하는 프로세스를 어느 정도 실행하고 있는가?

이런 프로세스는 일반적으로 다음을 포함한다.

a. 고위 임원이 도덕적 행위를 권장하고, 부정행위를 억제하며 부정행위 문제를 적절히 소통하는 조직의 프로세스에 책임을 가지고 있는가? 대기업에서는 감사팀장이나 컴플라이언스 팀장처럼 이런 업무를 하는 사람이 상근직으로 정해져 있다. 소기업에서는 임원이 기존 업무에 이 업무를 추가하여 진행하고 있을 수 있다.

b. 모든 직원들에게 어떻게 행동해야 하고 어떤 행동은 금지한다는 명쾌한 가이드를 제공하는 회사의 핵심 가치에 근거한 행동 기준(Code of Conduct)이 마련되어 있는가? 그 기준은 임직원이 도덕적인 결정을 해야 하거나 다른 직원의 부정행위로 인한 우려를 소통하기 위해서 조언이 필요할 때 어떻게 해야 하는지를 반드시 정의하고 있어야 한다.

c. 채용 시 및 채용 이후 정기적으로 회사의 행동 기준에 대한 상담이 필요할 때, 그리고 다른 직원의 부정행위를 보았을 때 어떻게 행동해야 하는지 등에 대해서 교육을 하는 것.

d. 어려운 도덕적 결정을 하기 전 또는 조직에 영향을 미치는 부정 행위에 대한 의견을 제시하기 전에 조언을 구할 수 있는 소통 시스템이 있어야 한다.

이 소통 시스템은 감사 부서에 이메일을 보내거나 전화로 조언을 구할 수 있는 시스템을 포함한다. 이러한 시스템은 직원뿐만 아니라 고객, 협력사에도 개방되어 있어야 한다. 익명으로 가능해야 하며 제보자가 그들의 고민을 쉽게 털어놓고 얘기할 수 있는 환경이 조성 되어야 한다.

e. 부정행위 제보자와 소통을 하면서 필요시 적절한 조치를 취하기 위해 즉각적으로 조사를 진행하는 프로세스가 있어야 한다. 부정행 위에 따라서 누가 조사를 하고 어떤 방법으로 조사할 것인지 계획이 수립되어야 한다.

어떤 이슈는 인사팀에서 처리하는 것이 가장 적절할 수도 있고, 어떤 경우는 감사팀, 변호사, 또는 부정 적발 전문가가 필요할 수도 있다. 사전에 이러한 프로세스가 정해져 있다면 문제 해결을 위한 시간을 단축시킴으로 인해 부정행위로 인한 피해를 현저히 줄일 수 있다.

f. 임직원의 행동 기준 준수 여부와 관련 교육 참가 여부에 대한 모니터링이 있어야 한다. 이러한 모니터링은 최소 연 1회 수행되어야 한다

g. 조직의 도덕성과 부정 예방 목적이 성취되는지에 대한 정기적인 측정이 있어야 한다. 이러한 측정은 통계적으로 의미 있는 샘플 집단에 대한 설문을 포함한다. 이 설문은 회사의 도덕 기준에 대한 직원들의 태도와 직원들이 생각하는 고위 임원들의 회사 행동 기준 준수 정도를 질문하여 프로세스들이 얼마나 잘 운영되고 있는지에 대한 인사이트를 줄 수 있어야 한다.

h. 행동 기준 준수와 부정 예방 목표가 보상과 연결된 관리자의 역량 평가지수에 포함되어 있어야 한다.

배점: 절차가 없는 경우 0점 절차가 잘 갖춰져 있고 그 절차를 매년 검증하고 있으며 효과적으로 작동하고 있다면 30점	
7. 선제적 부정 적발 - 조직이 잠재된 심각한 부정을 사전에 적발, 조사, 해결하는 프로세스를 어느 정도 가지고 있는가? 이 프로세스는 조직의 부정 리스크 평가를 통해서 잠재된 대형 부정을 적발할 수 있도록 특별히 고안된 선제적 적발테스트를 일반적으로 포함하고 있어야 한다. 사내 업무 프로세스에 의심이 가는 거래 행위가 있을 경우 이 프로세스가 완결되기 전에 이 문제를 감사팀이나 관련 부서에 자동으로 알려 주는 신호 장치가 프로세스상에 이식되어 있어야 한다. 배점: 절차가 없는 경우 0점 절차가 잘 갖춰져 있고 그 절차를 매년 검증하고 있으며 효과적으로 작동하고 있다면 10점	
총점:	

01
채용 부정 방지법

2년 전에 C 패션 디자인 회사에 입사한 여성복 디자인 팀장 정혜진 차장은 해외 유명 패션 디자인 스쿨 출신으로 사내에서 유명하다. 어려서부터 여성복에 관심이 많아 고등학교를 졸업하자마자 복장 학원에 다니면서 옷 만드는 법을 직접 배울 정도로 옷에 대한 열정이 있으며 이후 뉴욕 디자인 스쿨을 나와서 세련된 감각을 갖추었다고 사내에 소문이 자자하다. 미국에서 최근까지 공부하고 혜성처럼 나타난 정 차장을 채용한 C 회사의 박 대표는 요새 싱글벙글이다. 박 대표는 C사와 같이 대기업도 아닌 중소기업에 정 차장이 와준 것에 누구보다도 감사하면서 앞으로 큰 매출 성장을 내심 기대하고 있다.

그러던 어느 날 C사의 모기업 감사팀에서 감사가 나왔다. 감사팀은 직원 채용 기록을 점검하다가 해외 대학을 나온 정혜진 차장의 인사카드철에 대학 졸업장이 첨부되어 있지 않은 사실을 발견하고는 인사팀에 졸업장을 요구한다. 인사팀 채용 담당자는 단순 업무 실수로 변명한 후 정 차장에게 전화를 건다.

"정 차장님, 저번에 말씀드린 해외 대학 졸업장을 아직까지 제출 안 해

주셨네요. 지금 감사팀에서 문제가 되어 지적 사항이 나왔으니까 빨리 제출해 주셔야겠어요."

전화를 받은 정 차장의 얼굴에는 불안한 표정이 역력하다.

"네, 미안해요. 다시 학교에 재촉해 볼게요."

정 차장은 졸업장을 잃어버렸다는 이유로 입사 시 졸업장을 인사팀에 제출하지 않았다. 인사팀 채용 담당자는 나중에 제출하겠다는 정 차장의 말만 믿고 졸업장 확인 없이 서류 심사를 통과시킨 것이다. 정 차장은 회사에 입사한 이후에도 업무나 출장 등의 이유로 차일피일 졸업장 제출을 미뤄왔다.

전화를 끊고 나서 정 차장의 머릿속에는 회사 입사 전의 고민들이 불현듯 스쳐 지나갔다. 정 차장은 옷 만드는 일이 너무 좋았다. 누구보다도 세련되고 독특한 옷을 잘 만들 자신이 있었다. 손기술과 디자인 감각이 있어 고졸 출신임에도 전 직장에서는 나름 인정받는 디자이너였다. 수석 디자이너가 되는 것을 꿈꾸며 정말 열심히 일했지만 정작 회사는 해외 유명 디자인 스쿨을 나왔다는 이유만으로 갓 입사한 젊은 직원에게 수석 디자이너 자리를 내주었다. 옷만 잘 만들면 된다고 생각했지만 세상은 그렇지 않았다. 고졸 학력의 한계를 절실히 느꼈다. 자존심에 상처를 받은 정 차장은 회사를 그만두고 나와 영어학원을 다니며 유학을 준비했다. 하지만 막상 해외 대학의 등록금과 체재비를 도저히 감당할 자신이 없었다. 시골에 홀로 되신 엄마에게 매달 생활비를 보내 줘야 하는 정 차장에게 유학은 말 그대로 사치에 불과했다. 세상이 원망스러웠다. 그러던 중 여성복 디자인 팀장을 뽑는다는 C사의 구인 광고를 보았다. 해외 대학 졸업자를 우대한다는 문구와 함께. 정 차장은 자신도 모르게 본인이 그렇게 가고 싶어 했던 뉴욕 디자인 스쿨을 졸업한 것으로 이력서를 쓰고 있는 자신을 발견한다. 얼마 후 면접을 보자는 연락이 왔다. 허위 학력을 기록한 사실이 들통 나면 어쩌지? 고민해 봤자 이미 늦었다. 될 대로 되라는 식으로 면접을 보러 갔다. 2년간 유학 준비를 했기 때문에 뉴욕 디자인 스쿨에 대해서는 잘 알고 있어서 학교에 대해 물어보더라도 거짓말로 둘러대기가 어렵지 않았다. 얼마 후 그녀가 꿈에 그리던 디자인 팀장으로 취직되었다는 통보를 받았다. 날아갈 듯이 기뻤다. 본인이 갖고 있던 학력 콤플렉스가 없어지자 모든 일에 자신감이 생겼고 본인이 디자인한 작품도 훨씬 더 좋아졌다. 시간이 지나면서 본인 스스로도 진짜 학교를 졸업한 것으로 착각할 정도였다. 회사에서도 유학파라는 이유로 바라보는 시선이 달라졌다. 그녀는 C사에서 꿈과 같은 2년을 보냈다. 괜찮은 남자와 결혼까지 했다. 그러다 이 일이 벌어진 것이다. 고민하던 중 인터넷에서 대학 졸업장을 허위로 만들어 준다는 광고를 보고 혹시나 하고 메일을 보냈다. 이름과 원하는 학교만 알려 주면 졸업장뿐만 아니라 성적표도 만들어 준다는 것이다. 그녀는 바로 50만 원을 송금하고 우편으로 졸업장을 받았다. 겉보기에 아무 문제가 없이 잘 만들어진 졸업장이었다. 안도의 한숨을 쉰 그녀는 이 졸업장을 회사에 제출한다.

연예인, 정치인들의 허위 학력 문제는 이미 다들 잘 알고 있다. 하지만 실상은 이들만의 문제가 아니다. 허위 학력자는 당신이 생각하는 것보다 우리 주변에 훨씬 더 많다. 정 차장의 사례도 인물과 상황이 약간 각색되었을 뿐 실제로 있었던 일이다. 지금도 인터넷에는 허위 졸업장을 만들어주는 사이트가 널려 있다. 해외 대학뿐만 아니라 국내 대학 졸업장, 심지어 검정고시 증명서, 토익 증명서까지도 만들어 준다.

모 대기업은 해외 시장 개척을 위해 헤드헌팅사를 통해서 유명 MBA 출신을 추천받아 면접을 보고 고용했다. 면접 당시 구직자가 본인은 해외 MBA를 졸업하긴 했지만, 영어회화는 잘 못 한다고 솔직히 얘기했다. 면접관들은 MBA 출신이 겸손하기까지 하다며 만장일치로 채용을 결정했다. 하지만 몇 년이 지나지 않아 감사팀에서 확인한 결과 허위 학력자로 밝혀져 해고를 당했다. 그리고 그 직원을 소개한 헤드헌팅사를 상대로 손해 배상을 청구했다. 그 직원은 또 다른 회사에 다니고 있을지도 모른다. 헤드헌팅사를 통해서 입사했다고 해서 무조건 믿어서는 안 된다. 헤드헌팅 업체들도 제대로 학력을 검증하는 회사는 그리 많지 않다.

허위 학력의 문제는 비단 우리나라만의 문제는 아니다. 중국의 경우 허위 학력자가 너무 많아 심각한 사회문제이다. 실례로 고졸 출신을 작업자로 뽑는 외국계 회사의 대형 공장 입구 바로 앞에는 고졸 졸업장을 50위안에 만들어 준다고 간판까지 걸어 놓고 영업을 하는 사진관이 있을 정도이다. 물론 선진국도 예외는 아니다.

경력을 허위로 작성하는 사람은 어떨까? 경력 허위자는 실제 학력 허위자보다 훨씬 더 많다. 이력서에 근무 기간, 직급, 연봉을 실제보다 부풀리는 것은 마음만 먹으면 그리 어려운 일이 아니다. 대형마트의 판매 종업원으로 근무한 경력이 매장 관리자로 둔갑하기도 한다. 허위 이력은 허위 학력보다는 양심에 가책이 덜하므로 입사하고자 하는 회사의 목적에 맞게 수정을 한다. 나중에 허위 경력이 밝혀지더라도 실수로 잘못 기록했다고 하면 그만이기 때문이다. 2008년 'careerbuilder.com'의 설문조사에 의하면, 8%의 응답자들만이 경력을 허위로 기록한 적이 있다고 답했지만, 구직자들의 입사지원서에서 허위 사실을 확인한 적이 있다고 답한 기업의 채용관리자는 50%에 달한다고 한다.

입사지원서에서 가장 흔히 발견되는 거짓말
- 담당 업무 허위 작성: 38%
- 업무 스킬 허위 작성: 18%
- 근무 기간 허위 작성: 12%
- 전 직장 허위 작성: 7%
- 전 직급 허위 작성: 5%

입사지원서류를 허위로 작성하거나 중요 정보를 고의로 누락하는 행위는 새로운 현상이 아니라 과거 10년 동안 꾸준히 증가해오고 있는 트렌드이다. 2002년 미국경영협회(American Management Association)에서 실시한 조사에 의하면 허위로 작성한 입사지원 서류가 31%인 것으로 밝혀졌다. 이것이 현실이다.

당신은 학력이나 경력을 속이고 입사하는 직원을 받고 싶은가? 이전 직장에서 횡령이나 뇌물로 징계 해직된 사람을 채용하고 싶은가? 과거 폭력 전과가 있거나 성범죄 경력이 있는 사람을 채용하고 싶은가? 당신이 이런 사람을 면접과 이력서만으로 분간해 낼 수 있다면 이 장은 건너뛰어도 된다. 하지만 현실은 그렇지 못하다. 면접을 보러 온 직원은 부드러운 말씨와 온화한 얼굴, 말끔한 복장으로 최대한 본인을 포장하고 심지어 제출 서류 조작도 서슴지 않기 때문에 보이는 것만으로는 절대 분간하기 어렵다. 거짓말을 쉽게 하는 직원은 언제든지 상황에 따라 본인의 편의를 위해 또 다른 거짓말을 할 수 있다. 과거에 절도 기록이 있는 사람은 다시 절도할 가능성이 많다. 절도로 구속되었다는 얘기는 이미 그 전에 수도 없이 훔쳤다고 볼 수 있다. 개인 파산 등 현재 경제적인 어려움에 처한 사람은 그렇지 않은 사람보다 더 부정을 저지를 가능성이 높다. 과거에 폭력행사를 하거나 성범죄를 저지른 사람은 다시 똑같은 범죄를 저지를 가능성이 높다. 채용할 때 이런 사람을 먼저 적극적으로 걸러내야 한다. 그들에게도 기회를 주어야 하는 것 아니냐고 묻는다면 당연하다. 단 그들이 그런 준비가 되어 있을 때 기회를 주는 것이 맞다고 생각한다. 면접 시 거짓말을 하고 이력서를 허위로 작성하는 사람에게까지 기회를 주는 것은 기존의 성실하고 도덕적인 직원들에게 거꾸로 역차별을 주는 것이다. 채용 단계에서 적극적으로 걸러내야 한다. 그것이 조직을 깨끗하게 유지할 수 있는 가장 근본적인 방법이다. 직원들의 부정행위를 막을 수 있는 가장 중요한 첫 번째 단계는 바로 제대로 된 직원을 뽑는 것이다.

구글은 전체 인사 역량의 90%를 채용에 쏟는 것으로 유명하다. 구글은 입사 희망자를 4차례에 걸쳐 인터뷰를 하면서 추천서와 이력서를 포함, 사람별 20쪽이 넘는 책자 수준의 채용 관련 서류를 만든다고 한다. 이에 비해 한국 기업들은 채용과 교육, 평가, 보상, 퇴사 등 전체 인사 업무 가운데 채용 비중이 5%에 불과하다고 한다. 구글 인사담당 임원은 직원 한 사람이 조직에 미치는 영향이 워낙 크기 때문에 채용에 그만큼 심혈을 기울이고 있으며 이것이 '구글 성공의 한 요인'이라고 강조하고 있다. 이제부터라도 제대로 된 직원을 뽑는 데 시간 투자를 가장 많이 해야 한다.

그렇다면 허위 학력, 허위 경력 등 거짓말로 무장한 구직자를 골라내기 위해 채용 과정에서 반드시 체크해야 할 점검 포인트를 설명하겠다. 허위 이력서를 잡아낼 완벽한 점검 방법을 기대하지는 마시라. 그런 방법이 있긴 하다. 하지만 많은 비용과 시간 투자를 감수해야 한다. 회사를 대신 운영할 전문 경영인을 뽑는 경우라면 비용과 시간을 투자해서라도 인성, 성과, 경력 등 백그라운드 체크를 반드시 해야 한다. IBM, GM, Ford, 월마트와 같은 주요 해외 대기업들은 채용하는 모든 직원에 대해 백그라운드 체크를 하고 있다. 하지만 우리는 그렇게까지 할 시간적, 금전적 여유가 없으므로 최소한의 시간과 노력으로 성과를 얻을 수 있는 방법을 제시하겠다.

구직자로부터 받아야 하는 서류

1. 입사지원서(회사 자체 양식)

2. 최종학력 졸업증명서

3. 전 직장 상사 1명, 동료 1명의 연락처

4. 개인신용정보 조회 동의서

5. 주민등록등본

개인 소기업의 경우 별도의 입사지원서 없이 구직자가 작성한 이력서로 대체하는 경우가 많다. 그렇게 해서는 우리가 원하는 정보를 얻을 수 없다. 반드시 자체 양식을 만들어 구직자들에게 내용을 입력하도록 해야 한다. 구직자의 입장에서는 오히려 이런 회사가 더 체계가 잡힌 회사로 보인다. 입사지원서에는 최소한의 개인 신상 기록과 가족, 경력사항 외에 반드시 이직 사유를 입력하게 한다. 횡령이나 부정 사고로 해고된 직원의 경우 이직 사유를 사실대로 입력하지 않는다. 그렇더라도 손해 볼 건 없다. 그리고 입사지원 서류에는 구직자가 작성한 정보가 허위이거나 중요 사실이 누락된 경우 채용이 되더라도 언제든지 무효가 될 수 있다는 문구를 삽입해 놓도록 한다.

특히 경리나 자금부서 등 현금을 취급하는 일을 하는 직원의 경우 '개인신용정보 조회'에 반드시 동의를 받고 조회를 할 필요가 있다. 경리나 자금부서에서 근무할 직원의 경우 신용평가등급이 낮거나 개인 대출이 지나치게 많은 경우는 채용을 재고해 봐야 한다.

경제적인 압력이 부정 사고의 주요한 원인 중 하나임을 잊지 말자. 만약 이런저런 이유를 들어 개인신용정보 조회에 동의하지 않을 경우 채용하지 않는 것이 좋다. 다 그럴만한 사정이 있기 때문이다.

서류를 받았다면 면접을 보기 전에 백그라운드 체크를 한다. 뒷조사하라는 말이다. 과거의 행동이 미래 행동을 파악하는 최선의 지표이다. 최근에는 개인정보보호법이 강화되어 개인에 대한 정보 조사 및 취급은 물론 주의를 요한다. 당연히 합법적인 선에서 할 수 있는 한 최대한 백그라운드 체크를 한다. 백그라운드 체크는 시간과 비용이 드는 일이긴 하다. 하지만 그 이상의 값어치가 있으니 반드시 하는 것이 좋다.

백그라운드 체크의 첫 번째로는 성범죄 기록이다. 미국의 경우 2004년도에 80%, 2009년도에 92%의 기업들이 종업원들에 대한 범죄 기록 조회를 하고 있다. 우리나라에서 일반인의 범죄 사실을 확인할 수 있는 서류는 범죄경력조회서와 수형인명부가 있다. 둘 다 본인이 신분증을 가지고 관청에 가면 발급 받을 수 있다. 하지만 기업이 채용 과정에서 이를 요구하거나 본인 동의를 받아 대리로 발급받는 행위는 모두 불법이다. 따라서 일반 민간기업에서는 합법적으로 조회할 수 있는 방법이 현재는 없다. 다행스럽게도 성범죄 경력 조회는 가능하다. 성범죄자알림e(www.sexoffender.go.kr) 사이트에 가면 이름이나 지역으로 성범죄자를 조회할 수 있다. 성인 대상 성폭력범죄를 저지른 범죄자나 13세 미만의 아동·청소년을 대상으로 성범죄를 저지른 자를 조회할 수 있다. 이렇게까지 해야 하느냐고? 직장 내 성폭력 건수는 신고된 전체 성폭력 건수 중 18.8%에 달하며 여성 직장인의 33.6%가 직장 내에서 성희롱을 경험한다. 성범죄자와 같이 일할 생각이 있다면 이 단계는 패스해도 된다. 그들의 인권을 주장하는 사람들도 있다. 하지만 내가 먼저 보호해야 할 사람들은 회사를 성실하게 다니며 일하고 있는 기존 직원들이다.

두 번째로 이름과 신상으로 네이버 검색과 Google 검색을 한다. 인터넷에는 의외로 상당한 정보가 있다. 범법 행위를 했거나 법적으로 문제가 되었다면 인터넷 신문기사에 나올 수 있다. 페이스북이나 블로그, 미니홈피가 있다면 구경한다. 인터넷상에서 구직자의 생각, 성격, 행동, 말투 등을 짐작할 수 있다. 물론 현실과 인터넷에서 보이는 모습은 다르다. 인터넷상의 인물은 현실보다 좀 더 과장되는 경우가 많다. 하지만 인터넷상에서 구직자가 쓴 글이나 댓글이 폭력적이거나 사회 비판적인 내용이 대부분이라면 실제로도 그런 성격일 수 있으니 채용 시 고려하여야 한다.

세 번째로 학력을 검증한다. 졸업증명서는 반드시 원본으로 받아 위조된 증명서인지를 확인해 본다. 위조 증명서는 자세히 보면 인쇄 품질이나 디자인이 조잡하다. 실례로 졸업증명서의 졸업 일자를 따져보니 일요일로 되어 있어 위조임을 적발한 사례도 있다. 일부 대학의 경우 대학교 홈페이지에 이름과 주민등록번호를 넣으면 졸업 여부를 확인해 주는 곳도 있으니 체크해 보자. 위조가 의심될 경우 한국 대학은 www.webminwon.com 또는 www.certpia.com 사이트에서 증명서의 위조 여부를 직접 확인할 수 있다. 미국 대학의 경우 National Student Clearinghouse (www.
studentclearinghouse.org)에서 인당 50불 정도의 금액으로 확인이 가
능하며 중국 대학의 경우 서울공자아카데미(www.cis.or.kr)에서 10만
원 정도의 금액으로 학력 검증이 가능하다. 특히 해외 대학 졸업
인력이나 해외 MBA 졸업자 등 고급 인력 채용 시의 경우는 반드시
검증해 볼 필요가 있다.

네 번째로 전 직장 경력을 검토한다. 우선 전에 다닌 회사가 실제
존재하는 회사인지를 확인한다. 회사명, 대표자명, 회사 주소로 인
터넷 검색을 해 본다. 요새는 네이버나 다음의 인터넷 지도 검색으
로 굳이 가보지 않고도 사무실 위치와 간판까지 확인할 수 있다.
다니던 회사가 부도나서 지금은 없어졌다고 한다면 그런 회사가 과
거 존재했었는지 반드시 확인한다. 신용평가회사에 의뢰하면 부도
나 폐업을 한 회사도 확인이 가능하다. 구직자의 전 직장의 존재 여
부가 확인되었다면 그다음은 회사에 전화를 걸어라. 우선 구직자에
게 받은 전 직장 상사 1명, 동료 1명의 연락처로 전화를 해서 구직
자에 대해서 물어봐라. 물론 구직자가 이전 회사를 그만둔 경우에
한한다. 구직자가 여러 이유를 들어 전 직장 상사나 동료의 연락처
를 주지 않거나 연락이 안 되는 번호를 주었다면 반드시 의심을 해
봐야 한다. 전 직장에서 사고를 치고 나왔을 가능성이 높다. 전 직
장과 문제로 인해 법적 소송을 진행 중일 수도 있다. 보통 구직자가
준 전 직장 상사나 동료의 연락처를 100% 신뢰하지 않는 것이 좋
다. 친구나 친척의 전화번호를 대신 적었을 수도 있기 때문이다. 따

라서 반드시 인터넷이나 114에 등록된 전화번호로 전화를 걸어 회사대표나 인사부서 담당자와 통화를 해봐야 한다. 하지만 구직자의 업무 태도나 구직자가 전 회사를 그만두게 된 이유에 대해서 직접적으로 물어서는 안 된다. 그런 내용을 묻고 관련 정보를 받는 것은 개인정보보호법에 위배되기 때문이다. 전 직장에서 어떤 일을 했고, 채용 일자와 퇴직 일자가 맞는지에 대해서는 물어봐도 된다. 이 과정에서 구직자의 업무 태도, 퇴직 이유 등 추가 정보를 얻을 수도 있다. 사람들은 다른 사람에 대한 평가를 요청받으면 대부분 소극적이다. 특히 한국 사람들은 더욱 그렇다. "김아무개 씨 어떤 분인가요?" 하고 물으면 대부분 "괜찮죠, 뭐 그런대로…." 이런 식이다. 좋은 게 좋은 거라는 생각으로 솔직히 얘기해 주고 싶은 말이 있더라도 보통은 참는다. 이런 경우에는 반드시 다음과 같은 질문을 던져라. 전 직장 대표나 상사에게는 "혹시 김아무개 씨를 다시 고용하실 생각이 있습니까?" 그리고 동료에게는 "김아무개 씨와 함께 일하고 싶으신 생각이 있으신지?"를 질문하라. 더 진솔한 얘기를 들을 수 있다.

마지막으로 직원 채용 시마다 위와 같은 확인 절차가 이루어질 수 있도록 반드시 체크리스트로 만들어 놓자. 그리고 이 체크리스트대로 점검이 끝나야 채용이 되도록 프로세스로 정착시켜야 한다. 그래서 채용 담당자가 바뀌더라도 절차대로 채용을 하기만 하면 큰 문제가 없도록 자세히 정리해 놓는다. 그리고 가끔 프로세스가 잘 지켜지고 있는지 반드시 불시에 확인하자. 또한 헤드헌팅사를 통해서 채용 의뢰 시에는 면담자의 허위 학력, 허위 경력시의 책임 소재를 명확히 계약서에 언급해 두는 것이 필요하다.

　명심하자, 위에서 언급한 사전 검증 절차 없이 대면 인터뷰만으로 구직자의 거짓말이나 성향을 파악하기는 거의 불가능하다는 사실을.

체크포인트 1: 제대로 된 직원을 선발하는 법

세부 체크 리스트	YES	No
1. 구직자가 입사지원 서류 내용을 빠짐없이 작성하였는가?	☐	☐
2. 구직자로부터 받아야 하는 서류가 누락 없이 전부 접수되었는가?	☐	☐
3. 구직자에 대한 성범죄기록 조회 결과 문제가 없는가?	☐	☐
4. 구직자의 신상으로 인터넷 검색을 한 결과 특이사항은 없는가?	☐	☐
5. 구직자의 페이스북, 블로그, 미니홈피에 특이사항은 없는가?	☐	☐
6. 구직자가 제출한 졸업증명서가 원본인지 확인하였는가?	☐	☐
7. 구직자의 전 직장은 현재 존재하는 회사인가?	☐	☐
8. 구직자의 전 직장은 과거에 존재했던 회사인가?	☐	☐
9. 구직자의 전 직장 상사 및 동료와 통화한 결과 특이사항은 없는가?	☐	☐
10. 채용 과정을 프로세스화 하였는가?	☐	☐
11. 채용 프로세스대로 채용이 진행되고 있는지 불시에 점검하였는가?	☐	☐
12. 헤드헌팅사 계약서에 허위 학력, 경력자에 대한 책임 소재를 반영하였는가?	☐	☐

02
현금 절도 방지법

주식 투자 때문에 10년 넘게 일하던 회사에서 4년간 회사 돈 36억 원을 빼돌린 간 큰 여직원이 경찰에 붙잡혔다. 그동안 이 직원에게 돈 관리를 맡겨온 회사로서는 고양이에게 생선을 맡긴 격이 됐다. 종이유통업체 여직원 김 모 씨는 '07년 3월 인감도장을 미리 찍어둔 은행전표를 이용해 회사 계좌에 들어 있던 5,000만 원을 자신의 통장으로 이체하는 등 4년간 61차례에 걸쳐 회사자금 36억 2,860만 원을 횡령하였고 빼돌린 돈을 주식투자에 사용한 것으로 드러났다. 2007년 처음 횡령한 회사 돈 5천만 원을 주식에 쏟아 부었지만, 손해를 봤다. 그 이후 김 씨는 이를 만회하기 위해 계속 회사 돈을 끌어다 주식에 매달렸다. 4년간 빼돌린 돈이 20억 원이 넘어갔지만, 회사는 전혀 눈치채지 못했다. 이 회사는 동종업계 1위로 연 매출이 1,500억 원에 이르는 중견기업이었지만 김 씨가 자금 관리를 도맡았던 탓에 범행을 눈치채지 못했다. 특히 김 씨는 10년 동안 겉으로는 성실하게 회사에 다니면서 주변인들의 신뢰를 쌓아와 의심을 받지 않았다고 경찰은 전했다.

(박은하, 「'간 큰' 여직원, 4년간 회사돈 36억 횡령」, 『경향신문』, 2011.11.25.)

신문지상에서 심심찮게 볼 수 있는 내용이다. 도대체 회사 관리를 어떻게 하길래 저런 일이 벌어지도록 놔두는 걸까? 하고 웃어넘길 일만은 아니다. 직원들의 횡령 사고는 비일비재하게 일어나는 사고이다. 신문지상에까지 나는 경우는 극소수에 불과하다. 직원이 횡령금을 갚지 않거나 갚을 능력이 안 되어 결국 경찰에 고발하고 구속이 되는 경우라야 신문에 난다. 대부분의 경우는 그냥 회사를 그만두는 선에서 마무리가 된다. 특히 중소기업의 경우 횡령 사고를 저지른 직원이 지인의 추천으로 채용한 직원이거나 친인척 또는 오랫동안 근무한 직원인 경우가 많기 때문에 사고를 치더라도 구속까지는 시키지 않는 경향이 크다. 대기업의 경우도 회사 이미지 실추를 염려하여 대형 횡령 사고는 가급적 언론에 나지 않게 조심한다. 즉 이처럼 적절한 선에서 조용히 마무리된 건들은 수도 없이 많다고 보면 된다.

현금이 있는 곳에는 항상 부정이 있다. 길을 가다 만 원짜리 한 장이 땅에 떨어져 있고 마침 주위에 아무도 없다면? 이게 웬 횡재냐 생각하고 얼른 집어 주머니에 넣는 사람이 대부분이다. 재수가 좋은 날이라며 복권을 사기도 할 것이다. 보통 사람은 현금을 보면 욕심이 생긴다. 그래서 현금을 직접 취급하는 부서의 직원은 특히 주의해서 뽑아야 한다. 현금 절도는 말 그대로 직원이 회사 몰래 금고나 통장에 있는 회사 공금을 직접 훔치는 행위를 말한다. 현금 절도는 이미 장부상에 매출이나 수입으로 장부에 기록된 돈을 훔치는 행위이고 다음 장에 나오는 현금 축소 은폐(Cash Skimming)는 장부 상에 기록되기 전에 훔치는 행위로 구분할 수 있다. 현금 절도는 회사에 최소한의 내부통제 절차만 갖춰져 있어도 충분히 막을 수 있는 사고이다. 하지만 안타깝게도 이런 일들은 우리 주변에서 끊임없이 그것도 수도 없이 일어나고 있다. ACFE 보고자료에 의하면 현금 절도 사고는 1,000명 이하의 중소기업에서 가장 많이 발생하는 임직원 부정으로 분류된다. 당신의 회사에 아직까지 이런 사고가 없었다면 다음의 체크리스트를 더욱 주의 깊게 따라 해 보길 바란다. 이미 수년 동안 이런 일이 벌어지고 있는 상태인지도 모르기 때문이다.

현금 절도는 크게 두 종류로 분류할 수 있다. 하나는 금전등록기나 POS 기기 등에 보관 중인 현금을 직접 훔치는 경우와 회사계좌에서 돈을 직접 인출하는 경우이다. 당신이 특정 매장을 가지고 있고 상품이나 서비스를 판매한 대가로 현금을 받는 사업이라면 매장 내에 금전등록기나 POS가 있을 것이다. 현금을 넣는 박스나 서랍을 쓰고 있다면 최소한 금전등록기나 POS를 갖추는 것이 좋다. 이러한 금전등록기는 임직원들이 현금을 쉽게 접할 수 있는 가장 접점에 있어서 현금 절도가 빈번하게 일어나는 장소이다. 절도 방법은? 간단하다. '금전등록기를 열고 돈을 훔쳐간다.'이다. 금전등록기에 손을 대는 직원은 대부분 몇 천 원과 같이 아주 소액에서부터 시작한다. 도둑이나 강도는 물론 전부 훔쳐서 달아난다. 하지만 직원들의 내부 소행은 이야기가 다르다. 처음에는 매우 적은 액수로 훔치고 나서 반응을 살핀다. 며칠 뒤 아무 문제가 없으면 훔치는 액수를 점점 늘리는 것이 일반적인 현금 절도 방법이다. 금전등록기가 여러 대 있는 경우 자기의 절도 행위를 숨기기 위해 다른 직원의 금전등록기에서 돈을 훔치기도 한다.

두 번째 현금 절도 방법은 계좌에서 돈을 빼내는 경우이다. 회사 은행 계좌에서 직접 돈을 인출하거나 본인 계좌 또는 지인의 계좌로 이체하는 방법이다. 현금 절도 행위는 앞으로 설명할 임직원 부정행위 중에서 가장 단순한 부정행위로 증거가 여기저기 남기 때문에 결국은 꼬리가 잡히게 되어 있다. 단지 언제 잡히느냐의 시간문제이다. 설마 이렇게 대책 없는 부정행위를 직원들이 저지를까 하고 의아해할 수 있다. 하지만 앞의 사례는 소설이 아니라 실제 우리나라에서 발생한 사건이다.

현금 절도 행위를 적발하고 앞으로 이런 일이 일어나지 않도록 예방하기 위해 관리해야 할 점검 포인트를 알아보자. 우선 첫째, 현금에 대해서는 일일 정산을 하는 프로세스를 갖춰야 한다. 매일 현금을 회사에서 확인하고 맞춰 본다는 것을 직원들에게 보여 줘야 한다. 그것만으로도 무작정 훔치는 현금 절도는 대부분 줄어든다. 예를 들어 금전등록기의 경우 업무가 끝나면 그날의 금전등록기에 저장된 현금 매출기록 액수를 적고 실제 남아 있는 현금 잔액을 기록하게 해서 차이가 발생할 경우 이유를 적고 관리자에게 보고하도록 한다.('일일 현금 정산표 샘플' 참조) 금전등록기의 현금 매출액과 정산표상의 현금 매출액이 다르다면 현금 절도의 징후로 해석하면 된다. 따라서 아주 소액의 차이도 그냥 지나치지 않고 이유를 물어야 한다. 그리고 차이가 지속 발생할 경우 금전등록기 담당자에게 책임을 지게 한다. 그렇게 해야 관리를 더 철저히 한다. 금전등록기나 POS 기기는 현금으로 처리한 현금 매출금의 합계를 제공하기 때문에 이렇게 일일 정산을 하는 것이 그리 어려운 일이 아니다. 이 절차만으로도 무작정 돈을 집어 가는 행위는 거의 발생하지 않는다.

[일일 현금 정산표 샘플]

일자	담당자	당초 현금 (a)	현금 매출 (b)	현금 잔액 (c)	차액 (a+b-c)	비고

둘째, 회사 계좌의 입금과 출금을 분리한다. 즉 입금 통장과 출금 통장을 분리하여 별도의 통장으로 만든다. 매출 금액 등 모든 입금은 입금 통장으로 들어오고 회사의 모든 지출은 출금 통장에서만 나가게 만들어라. 그리고 입금 통장에서 돈을 타행 이체할 수 있는 권한은 경영자나 소수 관리자만 가지고 있는다. 회사에서 필요한 각종 경비를 포함하여 매월 일정액을 입금 통장에서 출금 통장으로 자동 이체해 두고 경리직원에게는 출금 통장의 이체 권한만을 주고 입금 통장 관련 권한은 아예 주지 않도록 한다. 갑자기 필요한 지출은 그때그때 권한이 있는 사람이 입금 통장에서 출금 통장으로 돈을 이체해 준다. 즉 입금 통장은 입금과 이체만 있으며 이체

도 정해진 출금 통장으로 이체한 건만 있게 관리한다. 이렇게 함으로써 입금 통장 거래 내역만 봐도 문제가 있는지 없는지 자동으로 알 수 있으며 입금 통장에서 큰 금액이 인출되거나 회사가 모르는 통장으로 이체되는 것을 원천적으로 막을 수 있다. 또한 매월 지출되는 경비의 규모도 덤으로 파악할 수 있다.

셋째, 입출금 관리이다. 회사 계좌에서 입금이나 출금을 해야 할 일이 발생할 경우에는 반드시 금액과 사유를 간단히 작성해서(전표를 이용해도 된다) 사전에 결재를 받도록 절차를 만든다. 상황이 불가피할 경우에는 다음 날에라도 반드시 결재를 받도록 프로세스화한다. 그리고 입금이나 출금이 발생할 때마다 은행으로부터 통보 문자를 받는 문자서비스를 신청해 둔다. 이렇게 하면 사전에 결재를 받지 않은 금액이 임의로 출금되거나 수상한 계좌로 돈이 이체가 되는 경우 휴대전화로 전부 확인이 가능하다. 물론 문자서비스를 신청한 것을 직원들은 모르게 한다. 직원을 시키지 말고 본인이 직접 은행을 방문해서 서비스를 신청한다. 이 세 가지 절차만으로도 앞의 사례와 같은 무분별한 통장 이체 사례들은 충분히 적발 및 예방이 가능하다.

넷째, 매월 말일에 본인이 결재한 회사 계좌 입출금 서류와 통장 내역을 직접 대조해 본다. 출금 결재한 서류가 없는데 통장에서 출금이 되었거나 입금 결재한 서류가 있는데 통장에 입금이 안 된 건만 확인해 본다. 이 일은 경영자가 직접 챙겨야 한다. 그래야 직원들이 다른 생각을 안 한다. 이런 일은 경리부 여사원이나 경리 담당의 일이라 생각하고 믿고 놔두면 나중에 큰 사고로 이어진다. 경영자는 현금 흐름의 입구와 출구만 철저히 관리하면 된다. 중간에 어떤 일이 있었는지 일일이 확인하고 체크할 필요까지는 없다. 이런 일은 경리부서가 할 일이다. 경영자는 들어온 현금과 나간 현금만 철저히 단속하면 된다.

다섯째, 현금 거래가 빈번한 경우 금전등록기 설치 위치는 모든 직원이 볼 수 있는 자리에 둔다. 근무 중에 직원이 현금을 슬쩍하는 것을 방지하기 위해서다. 그리고 현금 거래 금액이 큰 경우에는 금전등록기 주위에 CCTV를 설치한다. 요새는 저렴한 가격에 우수한 웹캠이 다수 있고 심지어 휴대전화로 실시간 모니터링까지 가능하다. 그리고 직원들이 CCTV가 있다는 사실을 알게 한다. 임직원들이 감시를 받는다는 느낌을 받을 수 있으니 혹시나 있을 강도사고나 고객의 절도 행위를 대비하기 위해서 필요함을 설명해 주도록 한다.

체크포인트 2: 현금 절도 행위 방지하기

세부 체크 리스트	YES	No
1. 현금 매출을 기록하고 현금을 보관할 금전등록기나 POS 를 갖추었는가?	☐	☐
2. 금전등록기는 모든 직원들이 볼 수 있는 위치에 놓았는 가?	☐	☐
3. 금전등록기 주위에 CCTV를 설치하였는가?	☐	☐
4. 담당자에게 현금 매출에 대한 일일 정산서를 작성, 보고 하는 절차를 수립하였는가?	☐	☐
5. 현금 매출 일일 정산서상 금액 차이가 있으면 담당자와 사유를 일일이 확인하는가?	☐	☐
6. 회사 계좌의 입금 통장과 출금 통장을 분리하였는가?	☐	☐
7. 회사 계좌 중 입금 통장의 이체 권한은 경영자와 소수의 관리자에게만 부여하였는가?	☐	☐
8. 회사에서 필요한 월 지출 경비 일정액을 매월 입금 통장 에서 출금 통장으로 이체해 주고 있는가?	☐	☐
9. 경리직원에게는 출금 통장의 이체 권한만을 부여하고 입 금 통장 관련 권한은 제외하였는가?	☐	☐
10. 회사 계좌에서 현금 입출금 발생 시 입출금 금액과 사유 를 사전에 결재를 받는 절차를 수립 운영하고 있는가?	☐	☐
11. 회사 계좌에서 입출금 발생 시 문자로 알려 주는 휴대전 화 문자서비스를 받고 있는가?	☐	☐
12. 매월 말일 본인이 결재한 회사 계좌 입출금 승인서류와 통장 내역을 직접 대조하고 있는가?	☐	☐

03
현금 매출 축소 은폐 횡령 방지법

성형 전문 M의원은 연예인 코 수술로 유명한 병원이다. 몇 년 전부터 한류 열풍으로 중국에서 성형수술을 위해 찾는 손님이 급증하자 M의원 원장은 청담동에 M의원 2호점을 개업하고 지인 소개로 L씨를 페이닥터(Pay Doctor: 월급을 주고 고용한 의사)로 채용하였다. L씨는 성격이 차분하고 손님을 대하는 매너가 좋아 일 년에 약 50억 원 정도의 매출을 올려주었고, M의원 원장은 L씨에게 급여와 보너스를 매년 파격적으로 인상해 주었다. 하지만 L씨는 병원 몰래 수년간 급여 외에 수십억 원에 달하는 현금을 빼돌리고 있었다. 2호점 개업 후 점점 늘어나는 중국 손님의 통역을 위해 L씨는 조선족 여직원을 고용했다. 그리고 이 조선족 여직원을 통해 현금을 내고 수술을 할 경우 20% 더 싸게 해준다는 조건을 중국 손님들에게 은밀히 제시했다. 현금이 많은 중국 손님들은 대환영이었다. 이러한 입소문을 타고 M의원 2호점은 말 그대로 중국인들로 문전성시를 이뤘다. L씨는 이렇게 받은 현금 중 50%만 병원 매출로 기록하고 50%는 개인적으로 횡령해 온 것이었다.

현금 매출 축소 은폐는 한마디로 현금을 회사 매출 장부에 기록하기 전에 빼돌리는 행위이다. 이 방법은 현금 매출 발생기록 자체가 없으므로 현금이 회사에 들어왔는지를 알지 못한다. 결과적으로 부정의 흔적이 좀처럼 남지 않기 때문에 앞장의 현금 절도 행위보다 적발하기가 더 어렵다.

현금 매출 축소 은폐 부정은 회사에 현금이 들어오는 접점에서 발생하는 부정으로 이 접점에서 일하는 직원은 누구나 사고자가 될 수 있다. 영업 직원, 매장 종업원 등 고객으로부터 현금을 직접 받는 위치에 있는 직원뿐만 아니라 거래처로부터 현금 관련 매입 매출을 관리하고 장부에 기록하는 경리직원이 여기에 포함된다. 현금 매출 축소 은폐 방법으로는 '현금 매출 누락'과 '현금 매출 감액'이 있다. '현금 매출 누락'은 가장 일반적인 현금 매출 축소 은폐 방법으로 물건이나 서비스를 제공하고 고객으로부터 받은 현금을 매출 처리하지 않고 전체를 누락시키는 것으로 업종 및 서비스 형태에 따라 다음과 같은 다양한 방법들이 동원된다. 우선 물건을 파는 상점의 경우 물건값을 현금으로 받은 후 금전등록기에 매출로 처리하지 않고 현금을 받아 본인 주머니에 그냥 넣는 방법이 있다. 물론 나중에 재고 조사를 했을 때 물건 수량이 맞지 않게 되겠지만 잘 모르겠다고 하면 그만이다. 결국 고객 절도로 인한 분실로 처리된다. 특정 품목에서 분실이 자주 발생한다면 분실이 아니라 현금 매출 축소 은폐 부정일 가능성이 높다. 또한 차량 렌탈 회사의 경우 현금 결제 시 할인해 준다는 명목으로 고객으로부터 현금을 받고 차를 렌탈해 준 후 회사에는 매출로 잡지 않는다. 장부상으로는 차가 차고에 있는 것이다. 호텔이나 모텔과 같은 숙박서비스 회사의 경우도 방을 현금으로 염가에 내 주고 장부에는 기록하지 않는다. 시스템상으로는 방이 비어 있는 것이다. 대형 주차장 관리 직원의 경우 고객 차가 들어오면 티켓을 끊지 않고 현금을 받고 주차를 시켜 주는 수법으로만 일 년에 수천만 원을 횡령하기도 한다. 주차 영수증 자체가 없으므로 회사로서는 대조나 확인이 불가하다. 업무 시간 외에 물건이나 서비스를 제공하는 방법도 동원된다. 매장 오픈 시간이 10시인 경우 8시에 오픈을 해서 2시간가량 발생한 모든 매출을 회사에 기록하지 않고 횡령하는 방법이다. 혹은 퇴근 이후 심야 시간이나 주말, 공휴일을 이용해서 주인 몰래 매장을 열거나 회사 모르게 서비스를 제공한다. 굳이 매장을 직접 오픈하지 않더라도 온라인으로 별도의 주문을 받을 수도 있다. 즉 회사 모르게 개인이 회사의 인프라를 이용해서 비업무 시간에 돈을 버는 것이다. 특히 관리·감독이 허술한 원거리 지역에 있는 매장이나 방문 서비스와 같은 외부 서비스 업무, 온라인으로 소량의 물건 판매가 가능한 비즈니스에서 많이 발생하는 유형이다.

'현금 매출 감액'은 실제 발생한 매출보다 축소하여 기록하고 일부를 횡령하는 부정이다. 10만 원의 매출이 발생되었으나 입금은 8만 원만 한다. 2만 원은 할인을 해주었다는 등의 핑계를 대고 본인 주머니에 넣는 수법이다. 이 수법은 특히 세일 기간 전후에 많이 일어나는 유형이다. 1달간 20%의 할인을 실시했다고 치자, 할인 기간이 끝나고 고객이 정가에 현금을 주고 물건을 구매했을 경우, 할인 기간에 팔린 것으로 장부에 기록하고 20%를 횡령하는 것이다. 이보다 좀 더 착한(?) 직원의 경우 할인 시즌에 본인이 물건을 할인가에 직접 사 둔 후 할인이 끝나고 정가에 파는 수법을 사용한다. 고객 환불을 이용하기도 한다. 할인 기간에 판매한 제품을 고객이 변심 등을 이유로 환불을 요청한다고 치면 종업원은 환불해 주면서 회사에는 정가에 판매했던 제품이 환불된 것으로 처리하고 환불금 중 차액 20%를 착복하기도 한다. 임직원의 복지를 위해 만든 임직원 특별 할인 제도도 현금 매출 축소 은폐 부정에 활용된다. 임직원의 경우 20% 할인해 주는 제도가 있다면 일반인이 현금을 주고 구매했을 경우 임직원 구매로 처리하고 20%를 착복한다. 매장 전용 할인카드의 경우도 마찬가지다. 고객이 할인카드 없이 현금으로 구매했을 경우 매장 직원이 가지고 있는 할인카드로 구매한 것처럼 하고 차액을 착복한다. 실제 그 외에도 다양한 수법들이 상존한다.

자, 이렇게 다양한 수법을 어떻게 막을 것인가? 현금 매출 축소 은폐 부정은 앞장에서 논의한 현금 절도 행위보다 적발이 훨씬 더 어렵다. 현금 절도의 경우 판매 기록이 남아 있어서 증거가 남고 사실 확인이 가능하다. 하지만 현금 매출 축소 은폐 부정은 매출 기록 자체를 속이기 때문에 고객이 지불하는 현금에 추적 장치를 붙이지 않는 한 완벽하게 막기는 사실상 불가능하다. 그래도 방법은 있다. 현금 매출 축소 은폐 부정을 막기 위한 관리 포인트를 설명하겠다.

우선 '2. 현금 절도 방지법'에서 설명한 다섯 가지 내부통제 방법이 선행되어야 한다. 앞장의 절차는 기본 중에서도 기본이 되는 내부통제방법으로 반드시 지켜야 하는 절차로 이해하면 된다. 현금 매출 축소 은폐 부정을 막기 위한 추가 통제 방법으로는,

첫째, 현금 매출이 발생했을 때 무조건 현금영수증을 발급해 주도록 절차화하고 이를 직원들에게 철저히 교육시킨다. 최근 현금영수증 의무 발행 업종이 확대되었으며 이들 의무 발행 업종의 경우 2014년 1월 1일 이후부터는 건당 10만 원 이상의 현금 거래 시, 고객이 현금영수증 발급을 요청하지 않더라도 반드시 발급해야 한다. 미발급이나 발급 거부 시 신고자에게 해당 금액의 20%를 포상금으로 지급하도록 되어 있기 때문에 이제는 피할 수 없다. 또한 미발급 시 해당 금액의 50% 과태료, 발급 거부 시 해당 금액의 5% 가산세를 물을 각오를 해야 한다. 현금영수증 의무 발행 업종이 아니라 하더라도 무조건 현금영수증 발급을 절차화 하고 현금영수증 미발급으로 인한 피해 발생 시 직원에게 책임을 묻겠다고 명확히 밝혀라. 이렇게 하면 매출 누락이나 매출 축소 은폐 부정의 상당 부분을 막을 수 있다. 또한 현금영수증 발행 금액의 1.3%를 부가가치세 세액 공제를 받을 수도 있으므로 적극 활용하도록 한다. 현금 매출이 많아 굳이 현금영수증 발급으로 수입이 드러나는 것을 원치 않는다면 그중 많은 부분이 직원들의 횡령으로도 빠져나가는 것을 감수해야 한다.

둘째, 현금 매출이 발생한 사실을 간접적으로 파악할 수 있는 대

체 기록(log)을 남기게 한다. 업종에 따라 창의력이 필요한 단계다. 성형 전문 M의원과 같은 경우 성형을 하기 위해서는 마취제가 반드시 필요하다. 물론 성형수술을 몇 회 하면 마취제가 얼마 정도 사용된다는 적정 기준을 먼저 알고 있어야 한다. 그리고 현금 매출과의 접점에 있지 않은 제3의 직원이 마취제 소비량을 기록하게 한다. 월별, 또는 분기별로 수술 회수와 마취제 소비량을 비교해 봐서 수술 횟수보다 마취제 소비량이 월등히 높다면 뭔가 문제가 있다고 생각하면 된다. 렌탈 회사나 숙박서비스의 경우 현금 매출과의 접점에 있지 않은 제3의 직원이 매일 퇴근 전에 남아 있는 차 키나 방 키의 실물을 보고 기록하게 한다. 그러고 나서 월별 또는 분기별로 매출과 정산해 봐서 차이가 크다면 매출이 어딘가에서 새고 있는 것이다. 또한 방문서비스와 같은 업종의 경우 반드시 회사 인터넷 홈페이지 로그인을 하게 하는 등 본사의 시스템에 기록을 남기지 않고는 서비스가 되지 않도록 절차를 만든다. 업의 특성에 맞게 아이디어가 필요하다.

셋째, 고객을 가장하여 직원을 테스트해 본다. '미스터리 쇼퍼(Mystery Shopper)'라고 부르는 이 방법은 현금 매출 축소 은폐를 체크할 수 있는 가장 직접적인 방법이다. 물론 거기에 덤으로 직원의 서비스나 고객 응대 수준을 확인해 볼 수도 있다. 지인에게 부탁하여 고객으로 가장 한 후 매장을 방문, 현금으로 결제할 테니 깎아 줄 수 있는지를 물어보게 한다. 그리고 현금영수증도 요구하지 않아야 한다. 만약 실제 깎아 주고 현금영수증도 지급하지 않는 직원이 있다면 이 직원은 현금 매출 누락을 하고 있을 가능성이 매우 높다. 그날 그 직원이 그 건을 어떻게 처리했는지 확인해 본다. 또한 그 직원이 과거에 처리한 매출 기록과 현금 매출 발생 사실을 파악할 수 있는 대체 기록을 비교해 보거나 해당 직원 근무 시 CCTV를 살펴보아 현금 매출 누락 여부를 확인한다.

넷째, 매장에서 매출을 기록하는 직원과 환불을 처리하는 직원을 가급적 분리하라. 즉 환불 건을 승인하는 직원을 별도로 지정하라. 매장 캐셔는 환불을 처리할 수 없도록 금전등록기에 별도의 키를 지정하거나 POS 시스템의 경우 아이디나 패스워드를 별도로 지정하라. 이렇게 업무를 분리하면 환불을 통한 현금 매출 횡령을 방지할 수 있다. 하지만 별도의 인력을 둘만 한 여유가 없는 중소기업의 경우 최소 액수를 정해 그 금액 이상의 환불이 발생할 경우 관리자에게 보고 후 처리하게 하거나 사후에라도 사장이나 관리자에게 보고하여 승인을 받는 프로세스를 만들어라. 그 이후 환불 처리된 건들만을 모아서 어느 지점 또는 어느 직원이 가장 환불 처리를 많이 했는지 확인해 본다. 평균 이상으로 환불 처리를 많이 하는 지점이나 직원이 있다면 CCTV를 확인해서 실제 환불이 일어났는지를 우선 확인한다. 또는 실제 구매 고객에게 전화를 걸어 할인 기간에 환불을 하였는지 또는 임직원 할인가로 구매하였는지 등을 물어볼 필요도 있다. 물론 이때는 뭔가 문제가 있어서 전화했다는 느낌을 고객에게 줘서는 안 된다. 고객 만족도 조사 차원에서 환불 이유를 물어보면서 확인해 보면 된다. 이런 전화를 받은 고객은 당신의 회사를 고객 사후 관리까지 하는 괜찮은 회사로 생각할 것이다. 일석이조의 효과이다. 고객에게 문의하는 것을 어려워할 필요 없다.

다섯째, 불시 점검이다. 매장을 갑자기 방문해서 그날의 매출 기록과 실제 현금 매출 잔액을 맞춰 본다. 고객으로부터 받은 현금 중 일부를 이미 주머니에 넣고 업무 종료 시간에 정산하려고 생각하고 있을 수 있다. 불시 점검은 그 자체적으로 예방 효과가 크다. 관리자가 언제 방문 점검을 할지 모르기 때문에 부정을 저지르는 직원의 입장에서는 상당히 불안하다. 불시 방문이나 점검을 꾸준히 지속하면 적발이 두려워 부정행위를 포기하게 된다. 하지만 이러한 불시 점검을 하는 경우에도 직원들이 점검을 당하고 있다는 생각이 들게 해서는 안 된다. 그냥 지나가면서 안부 차 매장을 들른 것으로 해야 한다. 커피나 도넛을 사가지고 가면 직원들에게 더 인기가 좋을 것이다. 그리고 매장을 들른 김에 매출을 가볍게 확인해 보는 식으로 하면 된다. 현장을 잘 챙겨주는 사장의 좋은 이미지와 가끔씩 정산을 직접 할 만큼 꼼꼼한 사장이라는 이미지를 직원들에게 심어 주면 된다.

마지막, 재고 관리가 철저하게 잘 되고 있다면 매출 축소 부정을 확인할 수 있다. 현금 매출 축소 은폐의 결과는 재고량 축소로 이어지기 때문이다. 재고 관련 부정을 막기 위한 체크포인트는 '3장 8. 재고 자산 횡령 방지법'에서 설명하겠다.

체크포인트 3: 현금 매출 축소 은폐 행위 방지하기

세부 체크 리스트	YES	No
1. 현금 절도 방지를 위한 체크포인트 2를 준수하였는가?	□	□
2. 현금 매출 발생 시 현금영수증 발급을 의무화, 절차화하고 직원들 교육을 시켰는가?	□	□
3. 현금 매출 발생 사실을 간접적으로 파악할 수 있는 대체 기록을 작성하고 있는가?	□	□
4. 대체 기록을 정기적으로 매출과 대조하고 있는가?	□	□
5. 고객을 가장하여 직원을 검증하고 있는가?	□	□
6. 캐셔 외에 환불을 처리하는 직원을 따로 두고 있는가?	□	□
7. 캐셔의 환불 처리 한도 금액을 정해 놓고 한도 금액 이상이 되면 관리자 또는 제3자가 처리하게 하는가?	□	□
8. 환불 건의 사후에라도 보고받는 절차를 만들었는가?	□	□
9. 환불 처리된 건 중에서 할인 기간에 팔린 건은 발췌하여 실제 증빙과 확인하는가?	□	□
10. 임직원 할인가 구매를 많이 한 직원의 경우 CCTV 확인을 통해 고객의 정가 구매를 임직원 할인가로 처리하는지 확인하는가?	□	□
11. 환불의 경우 필요시 고객에게 전화하여 불만사항 및 환불 사유를 청취하고 있는가?	□	□
12. 비정기적으로 매장 등을 방문하여 불시 점검을 하고 있는가?	□	□

04
매출채권 및 매입채무 빼돌리기 방지법

2년간 16억 원에 이르는 회사 공금을 빼돌려 명품 구입이나 성형수술 비용 등으로 탕진해 회사를 부도로 내몬 20대 여성이 경찰에 붙잡혔다. 서울 광진경찰서는 25일 자신이 일하는 회사 공금을 빼내 개인용도로 사용한 혐의로 인터넷 장비대여업체 A사 전 직원 김 모 씨를 구속했다. 경찰에 따르면 김 씨는 이 회사 경리직으로 일하면서 2008년 2월부터 지난해 1월까지 296차례에 걸쳐 총 16억 7,780만 원의 공금을 빼돌린 혐의를 받고 있다. 조사 결과 김 씨는 이중 2억여 원을 명품 구입에 사용했다. 김 씨가 산 명품 중에는 개당 1,000만 원이 넘는 가방도 있는 것으로 드러났다. 김 씨는 성형외과 시술을 받는 데에도 적지 않은 금액을 사용했으며, 5억 원가량은 월세방 보증금이나 펀드 투자에 쓴 것으로 조사됐다. 김 씨는 회사가 할부로 구입한 장비를 판매하거나 빌려줬다 받은 돈으로 할부금을 되갚는 방식으로 영업해 매일 소액을 회사 통장에서 인출해도 알아차리기 힘들다는 점을 이용해 범행한 것으로 드러났다. 범행 초반에는 매일 200만~500만 원을 자신의 통장으로 이체했지만 1년여가 지나면서는 한 번에 3,000만 원을 송금하는 등 대담한 행각을 보였다고 경찰은 전했다. 연 매출 100억 원인 A사는 김 씨의 범행으로 부도가 났다. 이후 A사 사장은 김 씨를 상대로 횡령금을 갚을 것을 종용하다 김 씨 가족이 자신을 납치 및 협박 혐의로 허위 고소하는 등 적반하장 식의 태도를 보이자 결국 김 씨를 고소했다고 경찰은 전했다.

(디지털뉴스팀, 「'된장녀' 여직원 16억 횡령해 명품 구입… 회사는 부도」, 『경향신문』, 2011.05.25.)

거래처 또는 고객에게 제품을 판매하거나 서비스를 제공하고 받을 돈을 '매출채권'이라고 한다. 한마디로 아직 못 받은 외상대금으로 생각하면 된다. 일반적으로 이러한 외상대금은 회계 계정상 미수금으로 처리한다. 그리고 나중에 대금이 실제 입금되면 미수금을 없애고 현금입금(매출)으로 처리한다. '매출채권 빼돌리기'란 거래처나 고객이 이러한 외상대금을 갚았을 때 이 돈을 중간에서 횡령하고는 장부상에는 여전히 미수금이 남아 있는 것으로 처리하는 수법이다. 또는 경비에 사용된 것처럼 허위 경비 처리하는 경우도 있다. 또 다른 방법으로는 A사로부터 입금된 외상 대금을 횡령하고 나서 B사에서 입금된 외상 대금으로 A사의 외상 대금이 입금된 것으로 처리하기도 한다. 일명 돌려막기다. 카드 돌려막기와 동일한 개념으로 이해하면 된다. 강제로 부실채권으로 처리하는 경우도 있다. 이 방법은 A사로부터 외상대금을 받아서 횡령하고 나서 그 대금을 계속 미수금으로 처리하거나 다른 회사의 외상대금으로 돌려막기를 하다가 그중 한 회사가 부도가 나면 결국 못 받는 돈으로 회계 처리하고 털어내 버리는 수법이다.

거래처로부터 제품을 구입하거나 서비스를 받고 나서 지급해야 할 돈을 '매입채무'라고 한다. 한마디로 갚아야 할 외상대금이다. 바로 지급하지 않고 한두 달 뒤에 정산하는 경우 이 대금은 회계 계정상 미지급금으로 처리한 후 대금을 실제 지급하고 나면 미지급금 계정을 반제 처리한다. '매입채무 빼돌리기'란 거래처에 지급할 대금을 직원이 횡령하고 나서 장부상에는 외상 대금이 지급된 것으로 처리하는 방법이다. 매출채권 빼돌리기와 마찬가지로 돌려막기를 하기도 한다. 즉 A사에 지급할 대금을 횡령하고 나서 B사에 지급할 대금으로 A사 대금을 먼저 지급하는 방식이다.

매출채권이나 매입채무 빼돌리기 부정은 시간이 지나면 결국 밝혀지게 되어 있다. 특히 매입채무의 경우 상대방 거래처에서 돈을 오랫동안 못 받게 되면 해당 회사에서 대금 지급을 요구하는 등 불만을 표출하게 된다. 돌려막기를 해서 입막음을 하더라도 결국 나중에는 문제가 불거지게 된다. 회계 처리에도 문제가 발생하지만 이로 인해 세금 처리도 문제가 된다. 시간이 지나면 점점 더 엉망이 되어가다 더 이상 손을 쓸 수 없는 단계가 온다. 하지만 그런 상황까지 가게 되면 너무 늦는다. 회사에는 엄청난 피해가 누적되어 있어 이를 감당하지 못할 경우 회사가 파산하기도 한다. 카드 돌려막기 하다 개인 파산하는 것과 같다. 이런 사태까지 가지 않기 위해서는 평소에 최소한의 내부통제 절차를 갖추고 이런 일이 발생하지 않도록 관리해야 한다. 매출채권 및 매입채무 빼돌리기를 적발하고 예방하는 방법을 알아보자.

우선 첫 번째로는 앞장에서 언급된 '체크포인트 2'와 '체크포인트 3'의 관리가 선행되어야 한다. 결국 이 부정도 현금과 관련된 부정이기 때문이다.

둘째, 매월 결산 후에는 미수금 및 미지급금 현황을 보고받아야 한다. 즉 어떤 거래업체에 얼마의 줄 돈, 얼마의 받을 돈이 있는지 매달 현황을 파악하고 있어야 한다. 경영자가 관심을 가지고 관리한다는 것을 아는 한 직원들이 함부로 빼돌릴 생각을 하지 않는다. 또한 이렇게 보고받은 서류를 별도 파일로 철해서 직접 보관해 놓고 수시로 변동 상황을 체크하라. 별도 보관한다는 사실을 직원에게는 모르게 해야 한다. 직원이 매출채권이나 매입채무 돌려막기를 하는 경우는 잔액을 맞추기 위해서 전달의 미수금과 미지급금을 수시로 수정해야 한다. 따라서 기존에 보고한 자료와 불일치가 발생하기 때문에 매월 정기적으로 당신에게 보고한 자료의 금액과도 달라진다. 당신이 이 자료를 매월 보관하고 있다면 임의로 수정된 사항을 쉽게 파악할 수 있다.

셋째, 수시로 직접 확인한다. 특히 6개월 이상 장기 미수금, 미지급건의 경우는 반드시 확인해 봐야 한다. 장기 미수금 건의 경우 해당 회사가 덜컥 부도가 나서 돈을 못 받게 되는 경우가 발생할 가능성이 크기 때문이다. 장기 미수금의 경우 해당 회사나 고객에 직접 전화하여 미수금 잔액이 맞는지를 우선 확인하고 장기 미수 이유를 물어봐라. 상대방 회사가 미수금을 이미 지불한 상태이거나 미수금 잔액이 일치하지 않는다면 당신 회사의 누군가가 돈을 횡령했다고 봐야 한다. 미지급금의 경우도 거래처에 직접 전화해서 현재 미지급금 잔액이 맞는지, 제때에 지급이 되었는지, 다른 불편 사항이 없는지를 확인한다. 실제 잔액이 맞지 않거나 지급 기일이 다르다면 횡령을 의심해 봐야 한다. 매출채권이나 매입채무 관련 횡령은 주로 경리직원들이 저지른다. 대금을 받아 횡령하고 미수금으로 장부에 기록을 남기거나 대금을 지급하지도 않고 지급한 것으로 처리할 수 있는 권한은 주로 경리부서 직원이 있기 때문이다. 따라서 미수금이나 미지급금을 확인하는 과정은 경리직원을 시켜서는 안 된다. 그 직원이 부정을 저지르고 있다면 확인 결과 아무 문제없다고 보고할 것이기 때문이다. 반드시 경영자가 직접 해야 한다. 거래업체의 안부도 묻고 경영 현황 파악도 할 겸 직접 확인해야 한다.

체크포인트 4: 매출채권 및 매입채무 빼돌리기 방지하기

세부 체크 리스트	YES	No
1. 현금 절도 방지, 현금 매출 축소 은폐 방지를 위한 체크 포인트 1, 2를 준수하였는가?	□	□
2. 매월 결산 후 미수금과 미지급금 현황을 정기적으로 보고받고 있는가?	□	□
3. 미수금과 미지급금 리스트를 별도의 파일로 직접 보관하고 있는가?	□	□
4. 매월 미수금과 미지급금 변동 상황을 체크하고 있는가?	□	□
5. 장기 미수, 미지급금의 경우 해당 회사에 직접 확인하고 있는가?	□	□

05
급여 횡령 방지법

강원도 동해시청의 한 공무원이 수년간 직원 급여 수억 원을 횡령한 사실이 감사원에 적발됐다. 회계를 담당한 기능 8급 공무원인 여직원 김 모 씨(53세)는 지난 2001년부터 2009년까지 10년 가까이 회계과에서 급여 업무를 담당하면서 시간 외 수당과 복리후생비 등을 부풀리거나 퇴직자가 근무한 것처럼 위장하여 급여 총액을 부풀린 뒤 친인척의 차명 계좌로 송금하는 수법을 쓴 것으로 알려졌다. 회계 담당 여성공무원이 10년 가까이 급여를 횡령하는 데도 직무 상급 라인이나, 자체 감사, 강원도 감사 등에서도 적발되지 않은 것을 두고 공직 사회 시스템과 자체감사 기능 등 전체가 구설수에 오르고 있다.

춘천지검 강릉지청은 9일 자치단체 급여 업무를 담당하면서 2억 6,200만여 원을 횡령한 혐의로 공무원 김 모 씨(여·53)를 구속했다고 밝혔다. 검찰에 따르면 김 씨는 2001년부터 2009년까지 자치단체 보수 지급 업무를 담당하면서 소속 직원들에게 지급할 복리후생비와 월급, 시간 외 수당, 명절 휴가비 등의 보수 총액을 부풀려 지출 결의를 받고 차액을 본인과 배우자, 두 자녀 명의 계좌로 빼돌리는 방식으로 총 148

회에 걸쳐 2억 6,200만여 원을 가로챈 혐의이다. 또한 대구 달성군청 급여 담당 공무원 B아무개 씨는 본인 월급을 2배 부풀리거나 직원들의 급여 총액을 뻥튀기해 공금 1,929만 원을 가로채 개인 생활비로 사용한 것으로 알려져 충격을 더했다.

(김채연, 「동료급여 '뻥튀기' 돈 빼돌린 공무원」, 『세계일보』, 2013.07.01.)

위 사례는 감사원 감사로 적발된 공무원들의 급여 횡령 사례들이다. 기업에서 일어나는 급여 횡령은 100명 이하의 소규모 기업에서 가장 많이 발생하는 횡령 유형 중의 하나이다. ACFE 2009년 자료에 의하면 전체 급여 횡령 부정의 약 50%가 100명 이하의 소기업에서 적발되었으며 10,000명 이상의 대기업에서는 9.3%로 가장 낮게 발생하는 부정이라고 한다. 또한 급여 횡령이 적발되기까지의 기간이 평균 36개월로 다른 모든 부정행위의 적발 기간보다 길다. 왜냐하면 일반적으로 급여에 대한 접근 권한은 매우 제한적으로 특정 직원에게만 부여되어 있어서 그 직원이 나쁜 마음을 먹는다면 오랫동안 아무도 모르게 부정이 진행될 가능성이 높다.

이러한 급여 횡령의 방법은 크게 3가지로 구분할 수 있다. 첫째, 실제 근무하지도 않은 유령 직원에게 급여를 지급하여 횡령하는 방법. 둘째, 시간 외 수당, 휴가비 등을 부풀려서 횡령하는 방법. 셋째, 영업 실적 등을 부풀려서 인센티브를 과다하게 받는 방법이다. 각각의 경우에 대해서 적발 및 방지 방법을 알아보자.

1) 유령 직원을 이용한 급여 횡령 방지하기

이미 퇴사한 직원이나 전혀 근무한 적이 없는 사람에게 급여를 지급하고 그 급여를 대신 횡령하는 수법이다. 즉 급여 관련 시스템에 퇴사한 직원을 지우지 않고 계속 남겨두거나 새로운 직원을 임의로 추가하여 급여가 지급되게 하는 방법, 심지어는 앞의 사례와 같이 본인 급여 자체를 부풀려 지급하기도 한다. 주로 이러한 권한이 있는 인사·총무 담당 직원 또는 급여 회계 처리를 하는 경리부서 직원이 저지르기 쉬운 부정이다. 일용직의 경우는 일용직 업무를 직접 관리 감독하는 담당자가 실제보다 일용직 수를 부풀려 청구하고 횡령하기도 한다.

예를 들어 회사 건물의 화장실 청소를 하는 아줌마 5명을 채용하고 관리하는 총무 담당이 아줌마 1명이 개인적인 사유로 일을 그만두자 4명에게 일을 분담해서 하도록 시키고 퇴사한 1명의 근무시간 기록표를 본인이 허위로 작성, 승인한 후 월말에 임금을 현금으로 받아 본인이 착복하는 것이다. 청소부 아줌마를 채용하고 관리 감독하는 본인의 권한을 이용한 횡령이다. 급여 회계 처리를 하는 경리부서 직원은 시스템상에 유령 직원을 추가하는 등 직접적인 조작을 통하여 급여를 횡령한다.

유령 직원을 통한 급여 횡령을 방지하기 위해서는 첫째, 급여를 청구하는 사람과 급여를 지급하는 사람, 그리고 급여 회계 처리하는 사람을 분리시킨다. 앞의 화장실 청소 아줌마 사례에서는 총무 담당이 아줌마들의 급여를 청구하고 본인이 현금을 받아 지급하는 급여 지급자이다. 이처럼 급여 청구를 한 사람이 급여 지급까지 하면 사고의 가능성이 매우 높다. 또한 급여를 지급하는 사람이 급여 회계 처리를 직접 한다면 시스템상 유령직원을 쉽게 추가해서 횡령할 수 있다. 따라서 급여 횡령을 막기 위해서는 권한분리가 기본이다.

둘째, 아르바이트생 임금을 포함한 모든 급여는 100% 통장 입금을 원칙으로 한다. 급여 현금 지급을 아예 없애는 것이 좋다. 항상 현금에서 부정 사고가 일어난다. 통장은 반드시 직원 본인 명의 통장으로 국한 시킨다. 어쩔 수 없이 현금 지급을 해야 하는 경우는 해당자에게 직접 지급하고 서명을 받는 것을 원칙으로 한다. 다른 직원이 대신 받아 지급하게 하는 일이 없도록 한다.

셋째, 급여 담당자로부터 매월 급여지급대장을 보고받아 별도 파일로 보관해 둔다. 그러고 나서 종합소득세 신고 이후 회계사에게 부탁하여 급여 계정의 회계 처리 세부 내역을 받아 보관해둔 월 급여지급대장과 대조해 본다. 급여 담당자나 회계 담당자가 본인의 급여를 과다하게 부풀린 것이 없는지 확인하는 것이다.

넷째, 직원이 새로 채용되거나 퇴사를 하는 등 변화가 있는 경우 반드시 서면으로 보고를 받고 이 기록을 별도로 보관해 둔다. 그리고 월 급여지급대장, 급여계정 회계 처리 내역과 정기적으로 비교하여 신규 채용 보고를 받지 못한 직원의 급여가 나가고 있는지, 퇴사한 직원의 급여가 여전히 지급되고 있는지를 확인한다.

마지막으로, 급여 계좌번호가 동일한 직원이 있는지, 이름 또는 주소가 동일한 직원이 있는지를 정기적으로 확인한다. 회사에서 누군가가 이런 점검을 한다는 사실만으로도 충분한 예방 효과가 있다.

체크포인트 5: 유령 직원을 이용한 급여 횡령 방지하기

세부 체크 리스트	YES	No
1. 급여 청구하는 직원, 급여를 지급하는 직원, 급여 회계 처리하는 직원을 분리하였는가?	☐	☐
2. 아르바이트생 임금을 포함한 모든 직원 급여는 100% 통장 입금을 원칙으로 하고 있는가?	☐	☐
3. 급여 통장은 직원 본인 명의 통장인가?	☐	☐
4. 부득이 급여 현금 지급이 필요한 경우 본인에게 직접 지급하고 서명을 받고 있는가?	☐	☐
5. 급여 담당자로부터 매월 급여지급대장을 보고받아 별도 파일로 보관하고 있는가?	☐	☐
6. 종합소득세 신고 이후 회계사로부터 급여계정의 회계 처리 내역을 받아 월 급여지급대장과 대조하고 있는가?	☐	☐
7. 직원 신규 채용 시 및 퇴사 시 반드시 서면 보고를 받고 있는가?	☐	☐
8. 신규 채용자와 퇴사자 명단을 월 급여 대장, 급여 계정 회계 처리 내역과 정기적으로 비교하고 있는가?	☐	☐
9. 직원 중에 급여 계좌번호, 이름 또는 주소가 동일한 직원이 있는지 확인하는가?	☐	☐

2) 근무시간 부풀리기를 통한 급여 횡령 방지하기

근무시간을 부풀려 야근 수당이나 주말 근무 수당 등 각종 수당을 허위로 청구하여 횡령하는 수법이다. 급여 횡령 중에서 가장 빈번하게 발생하는 유형이다. 실제로 모 기업의 특정 부서에서는 정년퇴직을 앞둔 직원에게 퇴직일 3개월 전부터 실제 하지도 않은 야근과 주말 근무를 하루도 빠짐없이 근무한 것으로 신청하고 이를 부서장이 승인해 주는 아름다운(?) 조직 문화가 있었다. 퇴직금이 퇴직 직전 3개월의 급여로 산정된다는 점을 악용해 해당 직원의 퇴직금을 더 많이 받을 수 있게 해주기 위해서 조직이 다 같이 합심하여 횡령한 것이었다. 정년 퇴직자들에게 베푸는 선의의 배려라는 겉포장 이면에는 그렇게 해줌으로써 본인들이 퇴직할 때도 그런 특혜를 받겠다는 속마음이 있는 것이다. 한마디로 모럴 해저드이다. 이러한 근무시간 부풀리기를 통한 급여 횡령은 그냥 방치할 경우 쉽게 부서 전체로 전염될 가능성이 높은 횡령이다.

근무시간 부풀리기 부정을 방지하기 위해서는 우선 자동 출퇴근 기록이 되는 시스템을 도입한다. 출퇴근 시간 등 근무시간을 기록하는 방법은 크게 3가지로 나눌 수 있다. 첫째, 출퇴근 기록기나 전자 사원증과 같은 자동기록장치를 이용하여 기록하는 방법. 둘째, 직원이 직접 출퇴근 대장에 자필로 출퇴근 시간을 기록하는 방법. 셋째, 출퇴근 시간에 대한 기록은 없이 초과 근무를 한 경우에만 초과 근무시간을 기록, 수당을 청구해서 받는 방법이 있다.

기술 유출 등 출입 보안이 중요한 회사의 경우 직원들에게 사원용 ID카드를 발급하거나 지문인식용 출입구를 설치하는 것이 좋다. 최근에는 IT 기술이 대중화되어 사원 ID 카드인식 출퇴근 기록기는 10만 원대, 지문인식용 출퇴근 기록기도 20만 원 대에 설치가 가능하다. 또한 최근에는 출퇴근 시 간단한 클릭을 통해 자동으로 출퇴근 시간이 기록, 회사에 전송되는 'Time Sheet'라는 스마트폰용 무료 앱도 있으니 활용해 봐도 좋을 듯하다. 어떤 방법을 선택하든 출퇴근 기록이 자동으로 기록되도록 한다. 그리고 이 기록에 따라 자동으로 초과 근무시간이 계산되어 수당이 지급되게 한다. 직원들이 직접 출퇴근 시간을 수동으로 입력하거나 기록하고 수당을 청구하는 절차는 직원들이 부정을 저지르도록 조장하는 결과를 낳는다. 물론 자동기록장치를 설치한다고 해서 부정이 다 사라지는 것은 아니다. 자율출근제를 시행하는 모 기업의 경우 전 직원에게 사원 ID카드를 제공하고 출근 시와 퇴근 시 사무실 입구 단말기에 사원 카드를 접촉하여 출퇴근 시간을 기록하게 했다. 그러자 직원들이 개인 사정으로 오후에 일찍 퇴근할 때는 동료가 사원 ID카드를 대신 찍어 주는가 하면, 모 간부는 부하 사원에게 아예 본인 사원 ID카드를 맡겨 놓고 매일 대신 찍게 한 후 본인은 오전 늦게 출근하거나 오후 일찍 조기 퇴근하는 경우도 비일비재하였다. 따라서 부정을 막기 위한 절차나 시스템만으로는 항상 한계가 있다. 따라서 반드시 부정 관련 임직원 의식 교육이 필요하고 이를 통한 청결한 사내 문화를 형성하는 것이 보다 중요하다. 이와 관련해서는 뒷장에서 설명하겠다.

이런 부정을 막기 위한 시스템적인 방법으로는 첫 번째로 지문인식 출퇴근 기록기가 가장 좋다. 손가락은 빌려주기는 힘드니까. 하지만 이 방법은 직원들로부터 거부감을 일으킬 수 있으니 도입 시 충분한 설명 등 주의가 필요하다.

두 번째로는 초과 근무 사유서 대장을 만든다. 초과 근무를 해야 할 경우에는 이 대장에 초과 근무시간 및 사유를 작성하게 하고 그 대장을 부서장 책상에 올려놓게 한다. 부서장은 다음날 출근해서 대장을 검토해서 사유를 확인하고 서명을 한다. 중요한 점은 월말에 한꺼번에 서명을 해서는 안 된다. 그건 형식적인 승인으로 도움이 안 된다. 매일 승인을 하고 전날에 무슨 일로 야근을 하게 되었는지를 확인하게 해야 한다. 이 절차는 일이 없는데 수당을 받기 위해 사무실에서 인터넷 서핑을 하거나 게임을 하다가 늦게 퇴근하는 경우를 방지하기 위해서다. 경리부서에서는 초과 근무 사유서 대장의 기록을 보고 수당을 지급하게 한다. 즉 초과 근무 사유서에 없는 야근은 수당을 지급하지 않게 한다.

[초과 근무 사유서 대장 샘플]

일시	성명	초과 근무시간	초과 근무 사유	본인 서명	승인자 서명
2월 27일	박재필	18:00~21:00	긴급 구매 주문서 작성		

세 번째로 출퇴근 기록, 초과 근무 사유서 대장 그리고 실제 초과 근무 수당 지급 기록 일치 여부를 주기적으로 점검하라. 부서장 또는 경리직원 등 수당 지급 권한이 있는 직원이 본인의 초과 근무 사유서 대장을 조작하여 급여를 과다 청구하는 경우를 막기 위해서다. 자동으로 생성되는 출퇴근 기록은 조작하기 어렵다. 하지만 이러한 시스템과 프로세스를 만들어 놓기만 하면 직원들이 따를 것이라고 생각하면 오산이다. 제대로 시행되고 있는지에 대한 점검이 없다면 직원들은 이를 무시하고 지키지 않는다. 점검이 없는 모든 룰과 시스템은 허울일 뿐이다. 경리직원에게 직원별, 일별 수당 지급 기록과 초과 근무 사유서 대장을 보고하게 한다. 그리고는 자동기록장치의 과거 출퇴근 기록을 직접 다운로드 받아 대조해 봐서 차이가 있는지 확인한다. 이런 점검은 일 년에 한 번 정도만 해도 된다. 오너가 이런 확인 절차를 한다는 것을 경리직원이 알게 하라. 그러면 경리직원이 다른 생각을 하지 않게 될 것이다. 또한 자동기록장치의 출퇴근 기록을 점검하면 직원들에 대한 여러 가지 정보를 추가로 얻을 수 있다. 누가 야근을 가장 많이 하는 직원인지? 누가 근태가 불량한지 알 수 있다. 야근을 많이 하는 직원 이름을 기억했다가 업무하는 것을 관심 있게 지켜봐라. 그 직원이 실제로 늦게까지 성실히 일을 하는 직원이라면 반드시 진급시키고 그에 대한 포상을 줘라. 반대로 수당을 위해 야근을 하는 친구라면 그 직원의 부서장에게 알려 관리하게 한다. 데이터를 바탕으로 직원들의 옥석을 가릴 수 있다.

체크포인트 6: 근무시간 부풀리기를 통한 급여 횡령 방지하기

세부 체크 리스트	YES	No
1. 자동 출퇴근 기록장치를 설치하였는가?	☐	☐
2. 임직원들이 초과 근무 시 초과 근무 사유서 대장을 작성하고 있는가?	☐	☐
3. 초과 근무 사유서의 승인자가 다음날 사유를 확인하고 서명을 하는 절차가 있는가?	☐	☐
4. 출퇴근 기록장치의 기록, 초과 근무 사유서 대장 그리고 초과근무수당 지급 기록 일치 여부를 주기적으로 점검하는가?	☐	☐

3) 실적 부풀리기를 통한 인센티브 횡령 방지하기

영업 실적에 따라 일정 퍼센트를 인센티브로 지급하는 경우 영업 실적을 허위로 부풀려 인센티브를 부당하게 횡령하는 방법이다.

가장 흔히 사용하는 방법은 거래처에 부탁하여 내년에 할 주문을 올해로 앞당겨서 주문하게 하거나 주문 수량을 실제보다 과다하게 주문하도록 하여 실적을 부풀린 후 다음 해가 되면 과다하게 납품한 수량을 반품으로 받아 주는 방법이다. 실제로 발생하지 않은 매출로 인센티브만 챙기는 것으로 눈 가리고 아웅인 셈이다. 이런 행위는 주로 고정 거래처를 통해 이루어진다. 주문서나 대금 결제 등이 전부 정상적으로 이루어지기 때문에 회사는 기준에 따라 인센티브를 지급할 수밖에 없다.

두 번째 방법은 납품 단가를 임의로 높여서 영업 실적을 부풀리는 방법이다. A라는 제품을 고객에게 단가 90원에 할인하여 공급하기로 하고 회사에는 정상 단가인 100원에 공급한 것으로 보고하는 것이다. 그리고 고객에게 보내는 인보이스는 100원에 진행하여 아무 문제없는 것처럼 하다가 최종 정산 시에 10원을 할인해 주는 수법이다. 회사에는 영업상 이런저런 이유를 들어 할인이 필요하다고 설득한다. 인센티브를 영업부서에서 작성한 실적으로 산정하는 경우 자주 발생하는 수법이다.

마지막으로는 영업 실적이 남는 경우 매출을 조정하는 수법이다. 실적이 충분해서 인센티브 한도를 다 채우고도 남을 경우 나머지 매출을 다음 연도 매출로 순연시키거나 실적이 부족한 다른 영업 직원에게 대가를 받고 넘기는 방법이다. 아무리 많은 실적을 내더라도 받는 인센티브 액수에 한계가 있는 경우 발생하는 부정이다.

이러한 인센티브 횡령을 방지하기 위해서는,

첫째, 인센티브를 결정하는 매출 실적 산정 기준을 납품 계약서 기준이 아니라 납품 후 대금 입금 기준으로 한다. 이럴 경우 영업부서의 불만이 많을 것이다. 하지만 이렇게 해야 영업부서가 매출을 부풀려 잡거나 앞당겨 납품하고 다음 해에 반품으로 받아 주는 관행이 없어진다. 보통 영업부서의 경우 매출 확대에만 신경을 쓰고 대금 환수는 경리부서의 일이라고 생각하고 신경 쓰지 않는 경우가 많다. 인센티브 산정 기준을 대금 입금 기준으로 하면 영업부서가 자연스럽게 대금 입금까지 직접 챙기게 되고 이렇게 함으로써 부정 예방뿐만 아니라 회사의 재무 건전성도 좋아지는 일석이조의 효과이다.

둘째, 납품 계약 단가와 최종 납품 후 세금계산서 단가를 샘플링 비교한다. 회사에 보고하는 매출 실적의 계약 단가를 실제와 다르게 납품하는 경우가 없는지 점검하는 것이다. 중간 과정에 대한 점검은 필요 없다. 시작점과 끝점이 일치하는지만 확인해 보면 된다. 시작점과 끝점이 서로 다르다면 문제가 있는 것이다. 가급적 고정 거래처의 단가를 점검하는 것이 좋고 시기는 사사분기에 발생한 매출(10, 11, 12월)을 보는 것이 좋다. 기업의 매출은 2분기나 3분기보다 회계 연도인 4분기에 2.7% 상승했으며 1분기 때는 4.8% 감소했다는 폴 오이어의 연구 결과를 기억하자.

셋째, 인센티브의 상한을 없앤다. 인센티브 상한이 있으면 더 이상 실적을 위해 노력하지 않고 내년 실적으로 미루거나 실적이 부족한 동료에게 실적을 나눠 갖게 된다.

마지막으로 인센티브에 대한 환상을 버려라. 인센티브만 주면 직원들의 생산성이나 성과가 자동적으로 좋아진다고 생각하는 것은 착각이다. 오히려 인센티브는 직원들에게 숫자를 조작하게 하거나 온갖 권모술수를 동원하여 부정을 저지르게 하는 원인으로 작용할 수 있다. 따라서 너무 과도한 인센티브는 오히려 해가 된다. 기업의 성공은 직원의 실질적인 성과와 노력에 달려 있다. 하지만 인센티브가 직원들의 실질적인 성과와 노력으로 이어진다는 보장은 없다. 도요타 회장 네이트 후루타(Nate Furuta)는 과정은 개선시키지 않고 인센티브와 연결된 성과지표만 향상시키는 기업은 운이 좋았을 뿐이며 그런 것은 아무 가치가 없는 일이라고 했다. 인센티브로 제공하는 금전 보상보다는 성실히 일하는 직원 개개인에 대한 존중, 칭찬이 더 큰 성과로 이어진다. 따라서 금전적인 인센티브는 적절히 최소화하고 오히려 경영자가 사무실 문을 열어 두고 직원들과 대화를 나누면서 현장에서 벌어지는 일을 직접 가서 관찰함으로써 성실하고 묵묵히 일하는 직원을 찾아내어 격려하고, 승진과 같은 비금전적 인센티브를 제공하는 것이 더 좋다.

체크포인트 7: 실적 부풀리기를 통한 인센티브 횡령 방지하기

세부 체크 리스트	YES	No
1. 인센티브 산정 기준을 납품 계약서 기준이 아니라 납품 대금 입금 기준으로 하고 있는가?	☐	☐
2. 사사분기 매출 중에서 납품 계약 단가와 세금계산서 단가를 샘플링하여 비교하고 있는가?	☐	☐
3. 인센티브의 상한선을 없앴는가?	☐	☐
4. 과도한 금전적 인센티브를 줄이고 비금전적 인센티브 지급을 위해 노력하는가?	☐	☐

06
구매 부정 방지법

중소 제조 기업인 Q사의 경영진은 대기업에서 구매 경험이 많은 P씨를 채용했다. P씨는 새로운 납품 업체를 늘리고 경쟁을 통해 구매 원가를 절감하겠다는 계획을 내놓았다. 경영진은 환영했지만 반대로 Q사와 거래하던 기존 업체들은 새 업체들로 인해 혹시 Q사와 거래가 끊기지 않을까 걱정이 이만저만이 아니었다. P씨는 기존 거래업체에 대한 평가를 하겠다며 기존 업체들을 일일이 방문했다. 여기까지는 모든 일이 체계적이고 순조로워 보였다. 하지만 문제는 이후부터 발생했다. 거래업체 사장들은 P씨의 눈 밖에 나지 않기 위해서 회사를 방문한 P씨에게 잘 봐달라며 뇌물을 주고 룸살롱에서 향응을 제공하기 시작했다. P씨는 본인에게 제대로 인사를 하지 않는 업체들에는 납품가를 5%씩 인하할 것을 요구했다. 인하하지 않을 경우 업체를 바꾸겠다는 엄포도 잊지 않았다. 실제 인사를 하지 않고 납품가 인하에도 동의하지 않은 업체는 거래가 끊기고 P씨가 기존에 알고 있던 업체로 바뀌었다. 이후부터는 모든 업체들이 P씨에게 정기적으로 뇌물과 향응을 제공했으며 명절 때가 되면 갈비 세트 등 선물도 절대 잊지 않았다. 구매 원가가 절감되자 경영진은 P씨의 공로를 인정해서 덩달아 인센티브까지 두둑이 챙겨주고 그 뒤부터는 P씨를 전적으로 신뢰하게 된다. 이후 P씨는 부인 명의로 사무실도 없는 페이퍼 컴퍼니 B사를 설립한다. 그리고는 본인 말을 가장 잘 듣는 납품 업체 사장을 찾아가 앞으로는 단가를 5% 낮춰서 B사에게 물건을 납품할 것을 지시한다. 사장은 어쩔 수 없이 5% 낮춘 단가에 B사에 물건을 공급한다. P씨는 자기가 설립한 B사에 발주를 내 5%의 마진을 고스란히 챙기고 물건은 기존 납품 공장에서 똑같이 공급하게 한다.

구매 관련 부정은 전통적으로 기업에서 가장 많이 일어나는 부정이다. 구매 부정은 크게 3가지 타입으로 나뉜다. 첫째, 페이퍼 컴퍼니를 통한 허위 구매. 둘째, 정식 거래처를 통한 구매 부정. 마지막으로, 회사 경비로 사적인 물건을 구매하는 행위이다.

1) 페이퍼 컴퍼니를 통한 허위 구매 방지하기

'페이퍼 컴퍼니'란 실체가 없는 가짜 회사를 말한다. 회사는 존재하고 견적서도 있으나 실제 물건을 직접 납품하지는 않는다. 대부분 처 또는 친인척 등 지인의 명의를 빌려 만든 회사이다. 이렇게 만든 페이퍼 컴퍼니에 주문을 하고 이 페이퍼 컴퍼니는 견적서와 송장을 허위로 작성 제출하고 그 대금을 받아가는 방식이다. 허위로 견적서와 송장을 만드는 것은 어렵지 않다. 컴퓨터와 프린터만 있으면 멀쩡해 보이는 견적서와 송장은 얼마든지 만들 수 있다. 중요한 것은 허위 구매를 회사로부터 승인받는 것이다. 대부분의 중소기업은 이런 승인만 받으면 그 이후 절차는 자연스럽게 대금 지급까지 이루어지기 때문이다. 따라서 페이퍼 컴퍼니의 허위 송장을 통한 구매 부정은 부정 사고자가 이러한 허위 송장을 승인하는 위치에 있는 경우가 대부분이다. 즉 본인이 가짜 회사를 만들어 허위로 견적서와 송장을 직접 만들고 본인이 이를 승인하는 것이다.

또한 구매승인자가 실제 구매 여부 확인 없이 쉽게 승인해 주는 사람이라면 부정한 직원의 타겟이 될 수 있다. 예를 들어 한 직원이 횡령을 하기 위해 컴퓨터 부품 공급 회사를 가짜로 차리고 허위 견적서와 송장을 회사에 제출한다. 구매승인자인 그 직원의 상사는 컴퓨터에 대해서 잘 모르기 때문에 이러한 컴퓨터 부품이 실제로 필요한지, 또한 가짜 회사가 제출한 견적서의 금액이 적정한지를 알지 못한다. 그래서 그 상사는 부정한 부하 직원에게 구매가 필요한지, 금액이 적정한지 등을 검토하게 한다. 부하 직원이 검토 결과 문제없다고 보고하면 이 구매 건은 승인이 된다.

실제로 물건이나 서비스를 제공하고 발생하는 구매 부정도 많다. 소위 브로커 방식이다. 실제 제작과 납품은 다른 회사가 하고 페이퍼 컴퍼니는 이 제품을 받다가 마진만 붙여서 다시 납품하는 형식이다. 또한 페이퍼 컴퍼니를 통한 구매 부정은 물건 구매보다는 서비스나 용역 구매 시에 더 많이 발생한다. 왜냐하면 서비스나 용역은 물건과 같이 실물이 존재하지 않기 때문에 나중에 감사를 받더라도 당시에 이러한 서비스나 용역이 있었는지 실체를 확인하기가 어렵다.

페이퍼 컴퍼니를 통한 허위 구매를 방지하는 방법을 알아보자.

우선, 업무의 분리가 기본적으로 필요하다. 구매요청 부서, 구매승인 부서, 제품 입고 확인 부서, 대금 지급 부서를 가급적 분리한다. 이렇게 업무가 분리된 회사에서 허위 구매를 하기 위해서는 각각의 부서 직원들의 협조가 필요하므로 한 명의 부정한 직원이 있더라도 페이퍼 컴퍼니를 통한 허위 구매 행위를 하기가 매우 어렵다. 사정상 여러 직원을 두고 관리하기 어려운 경우, 최소한 구매를 요청하는 직원과 구매를 하고 대금을 지급하는 직원은 분리되어 있어야 한다. 즉 구매가 필요하다고 신청한 직원이 직접 구매를 하게 해서는 안 된다.

둘째, 모든 구매 건에 대해서 오너 또는 관리자의 사전 승인을 받은 후 구매가 이루어지고 대금이 지급되도록 절차화 해야 한다. 구매 필요시 필요부서 직원이 구매요청서를 작성한다. 구매요청서에는 구매 물품명, 규격, 수량, 입고 희망 일자, 추천업체 등을 기록하게 한다. 필요부서의 부서장은 구매요청서에 서명을 하고 이를 구매부서에 전달한다. 구매 부서 직원은 구매요청서에 따라 공급업체를 찾아 인터넷 가격 등을 조사, 추천업체를 포함 최소 2개 업체 이상의 가격표 또는 견적서를 받아 비교한다. 가장 경쟁력이 있는 구매처를 결정, 실제 구매를 하고 비교 견적서 등 관련 자료를 첨부, 구매결정서를 작성한다. 구매결정서에는 최종 구매처, 제품 내용, 수량, 단가, 입고 예정일 등을 기록하고 해당 업체 견적서와 2위 업체 견적서까지 첨부한다. 그러고 나서 구매요청서와 구매결정서를 구매요청 부서에 다시 전달하여 최종 확인을 받은 후 구매를 한다. 그리고 제품이 입고가 되면 필요 부서 직원과 구매 부서 직원이 함께 제품 입고 검사를 하고 구매결정서에 서명을 한다. 입고 확인 서명이 된 구매결정서는 경리부서에 전달, 경리 담당자가 해당 자료와 함께 관리자로부터 최종 대금 지급 관련 결재를 득한 후 대금을 지급하게 한다. 이것이 바로 정상적인 구매 절차이다.

이러한 서류나 절차 없이 구매 필요 부서에서 구매할 품목과 업체까지 직접 결정해서 구두로 구매요청을 하면 경리가 구매하고 대금 지급 시에만 보고하는 회사도 다수 있다. 심지어 대금 지급도 다 하고 월 결산할 때 비용 처리 결과만 보고하는 회사도 다수 있다. 이럴 경우 구체적으로 어떤 제품이 어느 회사로부터 몇 개의 수량으로 얼마에 구매가 이루어졌고 언제 입고가 되었는지, 실제 입고가 제대로 됐는지 같은 구매 관련 기록이 전혀 남지 않는다. 이런 상황에서는 각종 구매 관련 부정이 얼마든지 쉽게 발생할 수 있다. 바쁜 시대에 언제 이렇게 다 하고 있느냐 하고 생각할 수도 있다. 하지만 구매가 하루에 수십 번씩 일어나는 것이 아니고 또 각각의 부서에서 맡은 일만 처리하면 되기 때문에 생각보다 시간이 오래 걸리지 않는다. 각자의 역할을 정해 주고 이를 절차화해 놓으면 오히려 직원들이 더 편하고 빠르게 일할 수 있다.

직원이 부족해서 이러한 절차가 사정상 어려운 소기업의 경우 최소한 경리부서가 구매 부서 역할을 해야 한다. 즉 구매요청 부서 직원이 직접 업체를 결정하고 구매 행위까지 하는 것만큼은 막아야 한다.

셋째, 사장 또는 관리자는 주기적으로 이러한 서류를 점검한다. 구매요청서가 없는 구매 건이 있는지, 구매요청서나 구매결정서에 서명이 누락되거나 서명을 위조했는지, 참고 견적서 등 서류가 조작되지는 않았는지를 검토한다. 그리고 서류가 불충분한 경우는 반드시 관련 직원을 불러 물어보고 주의를 준다. 그렇게 함으로써 회사에서 이러한 점검 과정이 있다는 것을 직원들에게 알려야 직원들이 마음 놓고 부정행위를 하지 못한다. 또한 견적 2위 업체에 연락하여 실제 견적을 제출한 사실이 있는지와 제출한 견적 금액이 맞는지를 확인한다. 즉 2위 업체 참고 견적서가 허위로 조작된 것이 아닌지 확인한다.

넷째, 신규 거래처가 생기면 반드시 거래처의 실체를 확인한다. 하물며 복사용지를 납품하는 거래처라 하더라도 신규 거래처라면 반드시 사무실을 방문해서 사장을 직접 만나 정상적인 회사인지, 페이퍼 컴퍼니인지를 눈으로 확인하라. 이런 시간을 아깝다고 생각해서는 안 된다. 페이퍼 컴퍼니를 통한 구매 부정은 이러한 거래처 실체 확인을 통해 대부분 확인이 가능하다 구매 부정 때문만이 아니라도 우리 회사와 거래하고 있는 거래업체가 어떤 회사이고 거래업체의 사장이 어떤 사람인지 반드시 알고 있어야 한다. 이런 것들이 모여서 회사의 경쟁력이 되기 때문이다. 직원들이 부정을 저지르는 이유 중 하나가 바로 인지된 기회 때문이다. 점검과 확인을 통해서 이러한 기회를 차단해주어야 한다. 그것이 바로 회사를 살리고 직원을 부정으로부터 보호하는 길이라고 생각해야 한다.

체크포인트 8: 페이퍼 컴퍼니를 통한 허위 구매 방지하기

세부 체크 리스트	YES	No
1. 최소한의 업무 분리가 되어 있는가? 구매요청 직원과 구매하는 직원이 분리되어 있는가?	☐	☐
2. 구매요청 부서에서는 구매요청서를 작성하고 있는가?	☐	☐
3. 구매결정 부서는 구매요청서를 받아 최소 2개 업체 이상으로부터 견적을 받거나 가격 비교를 하고 있는가?	☐	☐
4. 구매결정서에는 최종 구매처, 제품 내용, 수량, 단가, 입고 예정일 등을 기록하고 해당 업체 견적서와 2위 업체 견적서까지 첨부되어 있는가?	☐	☐
5. 구매결정서가 구매요청 부서에 전달되어 재검토를 받고 있는가?	☐	☐
6. 제품 입고 시 구매요청부서 직원과 구매부서 직원이 함께 검수하고 서명하고 있는가?	☐	☐
7. 경리부서는 구매결정서를 관리자의 사전 승인 후 대금 지급을 하고 있는가?	☐	☐
8. 구매 관련 서류를 주기적으로 점검하고 있는가?	☐	☐
9. 견적 2위 업체에 연락하여 실제 견적 제출 여부를 확인하는가?	☐	☐
10. 신규 거래처의 경우 방문 등을 통해 회사 실체를 확인하고 있는가?	☐	☐

2) 정규 거래업체를 통한 구매 부정 방지하기

고정적으로 거래를 하는 정규 거래처를 통해서도 구매 부정을 한다. 가장 많이 사용하는 수법 첫 번째는 실제 지급할 대금보다 고의로 높게 지급하고 실수라고 얘기한 후 차액을 되돌려 받는 수법이다. 물론 이 경우 회입하는 계좌는 회사 계좌가 아니라 개인 계좌이다. 대금 결제를 고의로 두 번 지급하고 한번을 되돌려 받는 수법도 있다. 거래처에게 전화하여 실수로 대금이 두 번 지급되었으니 중복 지급분을 회입시켜 달라고 하면 끝이다. 또한 아예 전혀 다른 제3의 거래처에게 고의로 대금을 입금하고 잘못 입금되었다고 얘기한 후 전체를 회입받는 방법도 있다. 마지막으로 고의로 과도하게 물품을 주문하고 나서 남는 물품을 반품하고 차액을 횡령하는 수법도 있다.

이처럼 정식 거래처를 통한 구매 부정은 대금을 지급하고 되돌려 받는 권한을 가진 실무자가 저지르는 부정이다. 대부분 경리직원으로 보면 된다. 특히 거래가 빈번하게 일어나고 대금 지급이 수시로 일어나는 거래처가 많은 경우 이러한 구매 부정이 발생하기 쉽다. 경리직원은 매월 거래가 고정적으로 이루어지는 거래처의 담당자와 수시로 전화 통화를 하며 거래를 하기 때문에 친한 경우가 많다. 친해지고 나면 실수임을 가장하여 대금을 지급하고 되돌려 받기가 훨씬 수월해진다. 이 수법은 페이퍼 회사를 차리거나, 인보이스나, 견적서 등을 조작하는 것과 같은 행위가 필요 없어 부정을 저지르기가 더욱 쉽다.

이러한 정식 거래처를 통한 구매 부정을 방지하는 방법을 생각해 보자. 우선 구매 대금이 지급되어 비용 처리가 된 회계 기록상의 금액과 구매결정서상의 금액을 대조해 본다. 금액이 서로 다르다면 문제가 있다. 즉 회계 장부상 10월에 구매한 물품 A 대금이 300만 원으로 기입되어 있는데 해당 월, 해당 물품의 구매결정서에는 대금이 200만 원으로 기입되어 있다면 100만 원이 더 지급된 것이다. 이후에 회계 기록상 받을 돈(미수금)으로 정리한 기록이 있는지 확인해서 그런 기록이 없다면 문제가 발생한 것으로 보고, 확인해 봐야 한다. 부정을 확인하는 방법은 항상 시작과 끝을 비교하는 것이다. 여기서 시작은 구매결정서상의 금액이고 끝은 최종 지급된 금액이다. 두 금액이 서로 다르다면 문제가 있는 것이다.

두 번째는 거래처에게 전화하여 혹시 당사의 지급 실수로 회입을 해준 사례가 있었는지 직접 물어봐라. 그런 사실이 있었다면 상대방은 쉽게 얘기해 줄 것이다. 왜냐하면 상대방은 단순 실수로 알고 협조했기 때문이다. 만약 회입해 준 사례가 있다고 하면 관련 입금 증이나 계좌이체 기록을 요청해라. 거기에는 아마도 회사계좌가 아닌 경리직원 개인 통장이나 제3자의 통장으로 회입이 되어 있을 것이다. 회사 계좌라 하더라도 계좌명과 계좌번호를 세심히 확인하라. 어떤 경리직원은 회사의 거래은행에서 회사 명의로 새로운 통장을 만들어서 사장 몰래 사용하는 경우도 있다.

체크포인트 9: 정규 거래처를 통한 구매 부정 방지하기

세부 체크 리스트	YES	No
1. 회계 기록상의 구매 대금 지급 기록과 구매결정서상의 금액이 맞는지 확인하는가?	☐	☐
2. 주기적으로 정규 거래처에게 전화하여 대금 과지급으로 회입한 사례가 있는지 확인하는가?	☐	☐
3. 거래처가 과지급으로 회입한 사례가 있다면 입금증이나 계좌이체 기록을 받아 확인하는가?	☐	☐

3) 회사 경비로 사적 물건 구매 행위 방지하기

중소기업 관리팀장 최영호 부장은 취직을 못 하고 있던 아들이 개인 사업을 해보겠다며 회사를 차리자 아들 회사에 필요한 책상 및 의자에서부터 전화기, 컴퓨터, 프린터, 사무용품까지 전부 회사 경비로 구매해 주었다. 마침 최 부장이 다니던 회사가 사무실을 크게 확장하면서 관련 물품들에 대한 구매가 필요했던 터라 회사가 필요한 수량을 부풀리는 수법으로 사적 물건을 구매하였다.

구매 부정을 통하여 현금을 횡령하는 대신에, 회사 돈으로 본인 또는 가족 등의 사적 물건을 구매하는 행위로 직장에서 흔히 발생하는 부정이다. 구매 부정으로 현금을 횡령하는 것과 직원이 회사 돈으로 개인 물품을 구매하는 것은 회사 입장에서는 똑같다. 둘 다 지출되지 말아야 할 돈이 불필요하게 나간 것이다. 하지만 실제 부정을 저지르는 직원 입장에서는 현금을 직접 횡령하는 것보다 회사 돈으로 사적 물건을 구매하는 행위가 죄책감이 훨씬 덜하다. 왜냐하면 돈을 직접 훔치는 것이 아니라고 자기 합리화를 하기 때문이다. 많은 사람들이 돈을 직접 받는 것보다 선물을 받는 것에 대해서 더 관대한 이유가 바로 이 때문이다.

이 부정은 보통 개인 물건을 사고 회사에서 필요한 물건을 구매한 것처럼 허위 송장을 제출하는 방법으로 이루어진다. '3장 6. 1) 페이퍼 컴퍼니를 통한 허위 구매 방지하기'와 같이 송장을 직접 승인하는 권한을 가진 관리자가 자주 저지르는 부정이다. 구매요청서와 송장을 직접 승인하는 권한이 없는 직원의 경우, 구매 승인을 받기 위해 서류를 조작하기도 한다. 즉, 허위로 구매요청서를 작성, 승인자의 사인을 위조한 후 대금 지급 부서로 구매요청서를 바로 넘기는 것이다. 그리고 물건이 도착하면 이를 본인 차에 싣거나 배달 주소를 본인 집으로 해서 받거나 심지어는 납품 회사를 찾아가서 직접 받아가기도 한다. 이미 정상적으로 결재가 난 기존의 구매요청서를 임의로 수정하는 방법도 있다. 회사에서 A라는 물건을 100개 구매하는 것으로 승인이 난 요청서를 120개 구매하는 것으로 수정하여 처리하고 추가 구매한 20개는 개인이 빼돌리는 것이다. 나중에 수량 차이가 문제가 될 경우 분실처리 한다. 또 다른 방법은 회사에 필요한 구매요청서에 교묘하게 개인 물품을 더 추가하여 정상적으로 결재를 받는 방법이다. 이런 부정은 구매요청서에 있는 물건들이 회사가 진짜 필요로 하는 물건인지, 수량은 맞는지를 꼼꼼히 따지지 않고 결재하는 관리자가 있는 경우 자주 발생한다. 부정을 저지르는 사람은 항상 기회를 엿본다. 이런 직원들에게 대충 결재하는 관리자는 최고의 먹잇감이다. 구매요청서 작성이나 승인 등이 전혀 필요 없이도 개인 물건을 구매할 수 있는 방법도 있다. 소액 구매 거래가 빈번하게 일어나는 거래처의 경우 구매요청서를 작성하지 않고 그냥 전화로 그때그때 주문하고 월말에 송장을 받아 한 번에 결재해 주는 경우가 있다. 예를 들어 회사에 복사용지나 필기구 등 문구 용품을 고정적으로 납품하는 거래처가 있다고 치자. 그 거래처는 매월 납품 내역을 회사에 제출하고 정산을 받는다. 경리팀 여직원이 집에서 필요한 문구 용품이 있을 경우 거래처에 전화해서 물건을 추가 주문해서 배달은 집으로 부탁하고 월말에 그 금액을 포함해서 결재해 주면 끝이다. 이처럼 회사 돈으로 사적 물건을 구매하는 부정은 매우 다양한 형태로 일어난다. 그럼 이러한 부정을 어떻게 적발하고 예방할지에 대해서 고민해 보자.

이 부정은 실제 거래업체와는 구매 행위 및 대금 지급 등이 정상적으로 이루어지기 때문에 서류상 하자가 없어 회사의 내부통제 절차가 제대로 갖추어지지 않은 경우 이 부정을 막는 것은 매우 어렵다. 직원들 간에 최소한의 업무분리가 되어 서로 견제가 이루어지는 등의 내부통제 절차를 제대로 갖추지 않은 회사는 그저 직원 양심에 맡기고 있는 것이다.

우선 구매 관련 업무의 분리, 구매요청서 작성, 제품 입고 검수 절차, 관리자의 사전 승인 후 구매하기, 정기적인 서류 점검 등 '3장

6. 1) 체크포인트 8'의 절차가 모두 필요하다. 특히 서류 점검을 할 때는 승인자의 사인 위조 여부, 구매요청서 수량 임의 수정 여부를 면밀히 살펴본다.

두 번째로는 거래처로부터 송장을 받거나 월말 정산 시에 실제 택배 주소를 요청해서 함께 받아 제품의 실제 배달 주소를 확인해 본다. 주소가 회사가 아니라 다른 주소가 있다면 회사 경비로 사적 물건을 구매한 횡령으로 보고 추가로 확인한다.

마지막으로는 인사나 총무 직원을 시켜 각종 비품의 재고 조사를 정기적으로 한다. 우선 경리를 통해 비품으로 회계 처리 된 내역을 뽑는다. 그리고 이 내역을 기초로 실제 조사를 통해 회사에 어떤 비품이 남아 있는지를 파악한다. 비품은 건물, 토지, 구축물 등을 제외한 유형 자산을 말한다. 특히 비품은 외부에 반출하는 것이 아니라 회사 내에서 사용하기 위해 외부에서 구입한 물건들을 말하기 때문에 회사에 남아 있어야 한다. 현재 남아 있는 비품을 파악하여 아래와 같은 비품관리대장을 만든다.

[비품관리대장 양식]

ㅁ 실사 일자:

ㅁ 실사자:

관리 번호	품 명	규 격	수 량	구입 일자	구입 금액	수령인 (관리 책임자)	서 명	지급 일자	비 고

　　비품관리대장에는 회계 처리된 모든 비품을 기록하고 관리하는 것이 기본이다. 하지만 회사 규모나 직원 수 등을 고려해서 적정 금액을 정하고 그 이상의 가치를 가진 비품에 대해서만 관리대장을 만드는 것이 좋다. 지금까지 비품관리를 안 했다면 실사를 해보면 이미 없어진 비품들이 상당할 것이다. 즉 구매 기록은 있으나 실물이 없는 것이다. 이렇게 없어진 비품에 대해서는 당시 구매요청서를 작성한 직원, 구매요청서를 승인한 직원, 대금을 지급한 직원 등 관계자에게 반드시 확인을 한다. 이 확인 절차는 사라진 비품을 찾기 위한 절차가 아니다. 회사가 이렇게 관리를 하고 있으니 다음부터는 이런 일이 없도록 주의하라는 메시지를 주는 것이다. 회사가 점검하고 있다는 사실만으로도 이런 부정은 현저히 줄어들 수 있기 때문이다. 비품관리대장에는 현재 보유하고 있는 비품 내역을 파악

하여 관리번호를 매기고, 비품의 규격, 수량, 구입일, 금액 및 관리 책임자를 선정하여 기입한다. 신규로 비품 구매가 이루어지면 비품 관리대장에 기록하고 비품 수령인을 관리 책임자로 지정한 후 본인 서명을 받는다. 그리고 비품을 폐기할 경우에는 확인을 하고 비품 관리대장에서 삭제하게 한다. 비품의 폐기도 돈이 되는 시대이다. 중고로 팔 경우 사는 사람이 있어서 비품 폐기 시에도 반드시 확인을 받고 폐기하도록 한다. 비품관리대장을 만들고 나서부터는 연 1회 정도 비품 실사를 하고 실사 일자와 실사자를 기입해서 항상 비품 대장을 최신 상태로 보관한다. 비품에 대해서 이런 식으로 관리를 하게 되면 직원이 개인이 사용하기 위해 허위로 구매하는 부정을 상당수 줄일 수 있다. 부정 예방은 항상 처음과 끝을 관리한다고 생각하면 쉽다. 구매가 이루어지고 나면 실제 물건이 회사에 있는지를 확인하는 것이다.

체크포인트 10: 회사 경비로 사적 물건 구매 행위 방지하기

세부 체크 리스트	YES	No
1. 체크포인트 8의 세부 체크리스트를 점검하였는가?	☐	☐
2. 구매 관련 서류를 주기적으로 점검하고 있는가? (사인 위조, 구매요청서 수량 임의 수정 여부)	☐	☐
3. 거래처로부터 택배 주소를 받아 회사 주소지와 다른 주소가 있는지 확인하였는가?	☐	☐
4. 비품으로 회계 처리된 내역을 기초로 실사를 통해 회사에 남아 있는 비품을 파악하였는가?	☐	☐
5. 비품 실사 결과 실물이 없을 경우 구매요청자, 구매 승인자, 대금지급자 등에게 사유를 확인하였는가?	☐	☐
6. 비품 실사 후 비품관리대장을 만들었는가?	☐	☐
7. 비품 구매, 보유, 폐기 시 실물을 확인하고 비품관리 대장에 기록하는가?	☐	☐
8. 연 1회 정도 비품 실사를 하여 비품관리대장을 최신 상태로 보관하고 있는가?	☐	☐

07
비용 허위 청구를 통한 횡령 방지법

이민호 차장은 여행사에서 근무한 지 10년 차가 되었다. 이 차장의 주 업무는 새로운 여행지를 개발하는 일이다. 이 차장은 회사에 로열티가 있고 성실한 업무 자세로 여행사에서 가장 신임을 받는 직원으로 이 차장이 최근에 개발한 남아프리카 여행지는 고객들의 호응이 매우 좋아 회사의 신상품으로도 뜨고 있다. 어느 날 경리과 여직원이 이 차장이 지난번에 다녀온 상해 출장 경비를 처리하기 위해 영수증을 정리하던 중 이상한 점을 발견했다. 상해는 이 차장이 수시로 출장을 다녀오는 곳이다. 이 차장의 대한항공 항공료 영수증은 오후 4시에 인천에서 상해로 출발한 것으로 되어 있는데 택시 영수증은 당일 오후 1시경에 상해에서 이용한 것으로 되어 있었다. 이 차장은 어떻게 오후 4시 비행기를 타고 상해로 이동해서 당일 오후 1시에 택시를 탈 수 있었을까? 경리직원은 택시 영수증의 시간이 잘못되었겠지 생각하고 그냥 처리해 줬다. 하지만 사실은 이러하다. 이 차장은 실제 당일 새벽 7시에 출발하는 중국 동방항공을 이용해서 상해에 갔고 실제 오후 1시에 상해에서 택시를 이용했다. 그런데 왜, 어떻게 중국 항공사 영수증이 아니라 대한

항공 항공료 영수증을 회사에 제출했을까? 물론 대한항공 비행기도 개인카드로 결제를 했다. 결제 후 영수증만 출력한 후 대한항공 카드 결제를 즉시 취소했다. 회사에는 취소 전에 출력한 영수증을 제출한 것이다. 이 차장은 이런 방법으로 매번 출장 시마다 십여만 원의 이득을 챙겨왔다.

회사는 일반적으로 직원들이 영업이나 비즈니스 목적으로 사용한 각종 비용을 처리해 준다. 고객과의 식사 비용, 출장과 관련된 교통비, 항공료, 호텔 숙박비 등을 예로 들 수 있다. 이런 비용을 허위로 회사에 제출하여 횡령하는 방법이 업무상 비용 청구를 통한 횡령 부정이다. 직장 내에서 가장 쉽게 발생할 수 있는 부정 중 하나이다. 앞장에서 살펴본 구매 관련 부정 다음으로 기업에서 가장 많이 발생하는 부정으로 전체 부정의 30% 정도를 차지한다. 주로 회사 생활을 오래 한 간부급이 가장 많이 저지르는 부정 중 하나이다.

업무상 비용 허위 청구를 통한 횡령은 크게 3가지 방법으로 나눌 수 있다. 첫째, 개인 비용 청구. 둘째, 과다 비용 청구. 셋째, 허위 비용 청구이다. 각각의 경우를 알아본 후 이 부정에 대한 적발 및 예방 대책은 마지막에 정리했다.

1) 개인 비용 청구를 통한 횡령

H사 영업부장은 해외 바이어를 만나러 2박 3일간 태국 출장을 다녀온

후 호텔 식사비와 술값, 그리고 선물대 등 경비를 회사에 청구했다. 해외 고객을 접대하느라 사용했으며 선물도 주고 왔다고 한다. 그러나 실제로는 주로 해외 바이어 회사를 방문, 팀미팅을 가졌으며 해외 바이어와 식사를 한 것은 단 한 번뿐이었다. 나머지는 혼자서 또는 현지 술집 여자에게 사용한 개인 비용이었다.

대부분의 회사는 비용을 처리해 주는 기준이 있다. 일반적으로 업무와 관련된 비용일 경우 처리해 준다. 비용 청구를 통한 횡령 중에서 가장 쉽고 일반적인 횡령은 개인 비용을 업무와 관련된 비용으로 회사에 청구하는 방법이다. 친구나 가족과 식사를 하고 업무상 식사로 청구하거나 개인적으로 사용한 택시비를 업무상 사용한 것으로 청구한다든지, 개인 여행을 업무상 출장으로 청구하는 등의 방법이다. 이런 비용들은 실제 업무상으로 사용했는지 개인적인 목적으로 사용했는지를 확인할 방법이 없으므로 회사 내에서 가장 쉽고 공공연히 일어나는 부정이다. 즉 직원은 사적으로 사용한 비용을 회사에 청구하고 회사는 직원이 당연히 업무상으로 사용한 것으로 간주하고 비용을 지급하는 식이다. 회사가 직원의 양심을 믿고 처리해 주는 식인데 대다수의 직원들은 본인이 하는 일보다 회사의 급여가 충분하지 않다고 생각하기 때문에 이 정도의 부정은 당연히 해도 된다고 생각하는 경향이 많다. 만약 당신의 회사도 이와 동일한 방식으로 지급하고 있다면 문제다.

2) 비용 과다 청구를 통한 횡령

개인 비용을 회사에 청구하기보다는 어떤 직원들은 실제 업무상 사용한 경비를 부풀려서 청구하기도 한다. 과다 비용 청구를 통한 횡령의 방법에는 여러 가지가 있다.

우선, 영수증 상 금액을 실제보다 높게 위조하는 방법이 있다. 가장 흔한 방법으로는 금액이 적혀 있지 않는 공 영수증을 받아 본인이 금액을 실제보다 부풀려 기입한 후 회사에 청구하는 방법이다. 특히 현금으로 계산하고 공 영수증을 받은 경우가 대부분이다. 물론 공 영수증이 아닌 경우도 가능하다. 수정액으로 금액을 고치거나, 금액이 쓰여 있는 영수증의 맨 앞자리에 숫자를 하나 더 기입하면 된다. 예를 들어 45,000원짜리 영수증 앞에 1을 더 써넣어 145,000원으로 만드는 방법이다. 포토샵과 같은 컴퓨터 소프트웨어로 감쪽같이 금액을 고치는 직원도 있다.

두 번째는 실제 과다하게 사용 후 청구하는 방법이 있다. 예를 들어 고객과 식사를 한 후 가족에게 가져갈 음식을 추가로 포장한 뒤 한꺼번에 계산하는 식이다. 출장 시에는 비행기 티켓을 두 장을 끊는 방법도 있다. 하나는 비싼 비행기 또 하나는 저렴한 비행기를 찾아서 계산한 후 회사에는 비싼 비행기 영수증을 제출한 후 카드 사용을 취소한다. 그리고 실제는 저렴한 비행기를 이용하고 차액을 횡령하는 방법 등이다.

세 번째는 다른 직원이 정상적으로 사용한 영수증을 경리직원이 과다 청구하는 방법이다. 즉 경리직원이 경비 처리하기 전에 금액을 수정액으로 고치거나 숫자를 추가 기입한 후 차액은 본인이 챙기고 나머지 금액만 직원에게 지급하는 방법이다.

네 번째는 동일 건을 여러 번 청구하는 방법이다. 예를 들어 택시비를 법인카드로 사용하고도 영수증을 제출하면서 현금을 사용한 것으로 청구하는 방법이다. 이렇게 되면 회사는 같은 비용에 대해서 두 번 지급하게 된다. 보통 회사가 이런 중복 신청을 알지 못하도록 두 건을 며칠 간격을 두고 제출한다. 회사가 영수증 원본을 제출받지 않는 경우 일부 직원들은 아예 동일한 영수증을 복사해서 여러 번 청구하기도 한다.

마지막으로는 상사가 부하 직원에게 과다 비용 청구를 지시하고 차액을 돌려받는 방법도 있다. 이는 조직적으로 횡령하는 사례로 기간이 오래될수록 엄청난 규모의 부정으로 확대될 수 있다. 실례로 모 회사의 영업팀장이 영업부서 부하 직원들에게 그들이 사용한 비용을 더 부풀려 청구하게 하고 차액을 되돌려 받아 비자금 통장을 만든 후 외부 접대나 부서 회식비 등에 사용해 오다 적발된 적이 있다. 회사의 영업비 예산이 부족해서 영업을 더 공격적으로 하는 데 필요하다는 명분을 만든 후 공개적으로 부서에서 비자금을 만든 것이다. 실제 이 부정은 10년 정도 계속되었고 결국 회사는 60억 정도의 손실을 보았다. 이런 경우 처음 의도는 순수할 수 있으나 통장에 돈이 모이면 결국 영업보다는 직원 간 회식 등으로 무분별하게 사용되는 경우가 대부분이다. 영업팀장이 개인적으로 착복하는 경우도 잦다. 절대로 부서에는 비자금이 있어서는 안 된다. 이건 회사가 망하는 지름길이다.

3) 허위 비용 청구를 통한 횡령

쓰지도 않은 경비를 허위 영수증 등으로 청구하는 횡령이다. 허위 경비를 인정받기 위해서는 관련 증빙이나 영수증을 만들어야 한다.

가장 흔한 방법으로는 가짜 영수증을 만들어 제출하는 방법이다. 실제 영수증처럼 보이는 가짜 영수증은 컴퓨터로 언제든지 쉽게 만들 수 있다. 실제 가게의 영수증을 받아서 가게의 로고를 스캔하여 이미지를 붙이는 방법으로 실제와 거의 똑같이 만들 수도 있다. 이런 경우는 외관상 구별이 거의 불가능하다.

또 다른 방법으로는 개인카드를 사용하여 물건 등을 구매하고 영수증을 받은 후 그 자리에서 개인카드 결제를 취소한다. 회사에는 처음 결제한 영수증을 제출하여 경비로 인정받는 수법이다. 이 영수증은 겉보기에는 진짜 영수증이다

세 번째로 다른 사람이 사용한 영수증을 회사에 청구하여 받아가기도 한다. 예를 들어 아내가 친구들과 커피를 마시고 계산한 현금영수증을 받아 회사에 경비로 청구하는 방식이다.

마지막으로는 잘 아는 레스토랑이나 바 등에서 빈 영수증을 아예 한 권을 받아 필요할 때마다 본인이 작성, 회사에 청구하는 방법도 있다. 회사에 제출한 영수증의 일련번호가 끊이지 않고 이어질 경우 이 부정을 의심해 볼 필요가 있다.

이처럼 업무상 비용을 허위로 청구하여 횡령하는 수법은 매우 다

양한 방법으로 이루어진다. 그럼 이러한 다양한 횡령을 적발하고 예방하기 위한 방법에 대해서 알아보자.

우선, 가장 기본적으로 회사에 청구하는 경비의 경우 반드시 영수증 원본을 제출하게 해야 한다. 영수증 원본이 없는 경우는 비용처리를 할 수 없다는 것을 직원들에게 알려라. 사본 영수증까지 아무 생각 없이 받아주다 보면 가짜 영수증들이 판치게 된다. 반드시 원본만 처리해줘라. 그리고 원본 영수증을 받으면 금액이 위조되지 않았는지 잘 살펴보아야 한다. 금액을 수정하지 않았는지, 금액에 숫자를 추가하지 않았는지 자세히 보면 차이가 난다. 펜의 두께, 색깔, 종이 눌린 자국 등 느낌이 다르기 때문이다. 만약 금액을 수정한 것으로 의심이 간다면 해당 업소에 전화를 해서 확인해라.

두 번째는 영수증을 제출하면서 누구와 언제 어디서 어떤 이유로 사용했는지를 별도의 양식에 기입하게 한다. 이렇게 구체적인 정보를 요구하느냐 그렇지 않느냐에 따라 이 횡령의 발생 빈도는 현저히 차이가 난다. 회사가 이런 정보를 요구할 경우 직원들은 많은 내용들을 거짓말로 작성을 해야 하는 불편함이 있어서 이 자체가 부정 억제 효과가 크다. 횡령하려고 하다가도 이렇게 거짓말을 만들어 내기가 귀찮기도 하고 실제 회사가 상대방에게 확인할지도 모른다는 불안감에 대부분 포기하고 만다.

세 번째, 경비를 청구하는 시점은 가급적 경비가 발생한 다음 날 또는 최소한 일주일이 경과하기 전에 영수증 원본과 함께 제출하도록 지침을 세워라. 절대 한 달에 모아서 한꺼번에 정산해 주지 마

라. 사용한 것을 바로바로 제출하도록 해야 개인적으로 사용한 경비를 제출하기가 쉽지 않다.

네 번째, 직원들이 영수증을 제출하면 경리부서는 반드시 사용 장소, 사용 날짜 및 금액 등을 꼼꼼히 확인해야 한다. 영수증 날짜 중에 개인 휴가일자나 휴일이 있는지 반드시 크로스 체크해라. 예를 들어 고객과 식사 비용 또는 택시비를 사용한 것으로 회사에 청구를 했는데 당일 직원이 휴가 중이었는지 확인해야 한다. 이런 점검을 해보면 휴가 중 또는 휴일 중에 사용한 경비가 의외로 많은 것에 놀라게 될 것이다. 특히 월말에 모아서 정산하는 경우 이런 경우가 종종 발생한다. 그리고 사용장소가 적정한 장소인지도 확인해라. 고객은 강남에 사무실이 있는데 식사는 용인 등에서 했다면 거래처와 무관한 경비일 가능성이 높다. 특히 직원의 집 근처에서 발생한 경비일 경우 가족이나 친구들과의 비용일 확률이 높다. 이런 경우 본인에게 이유를 반드시 물어야 한다. 물론 그 직원은 무언가 이유를 댈 것이다. 그렇더라도 이유를 듣고 나서 경비를 처리해 줘라. 그러면 그 직원은 '회사가 이런 것까지 확인하는구나.'라는 생각에 조심하게 되고 이후 횡령은 많이 줄어들 것이다. 만약 회사가 아무것도 묻지 않고 다 비용 처리해 준다면? 직원들의 횡령 빈도와 규모는 점점 커져서 걷잡을 수 없게 된다.

다섯 번째, 업무를 위해 경비를 사용할 경우 법인 개별카드를 사용하게 하는 것이 좋다. 법인카드에는 법인 공용카드와 법인 개별카드가 있다. 법인 공용카드는 말 그대로 법인카드로 카드에 회사

이름만 새겨지며 임직원인 경우 누구나 사용이 가능하다. 법인 개별카드는 카드에 회사 이름과 개인 이름이 새겨지는 것으로 개인 계좌에서 출금된다. 대금 결제 책임은 개인에게 있으며 법인이 보증을 서는 개념이다. 그렇게 해야 결제 후 나중에 취소한 건이 있는지 확인이 가능하다. 직원들에게 법인 개별카드를 지급하는 것을 부담스러워 할 필요는 없다. 카드의 일일 사용 한도를 설정해 주면 되므로 사고 위험성은 크지 않다. 카드 사용 즉시 사용처, 사용 금액 등을 문자 메시지 등으로 확인이 가능하기 때문에 오히려 더 투명하게 관리가 가능하다. 카드를 사용하고 취소하는 경우도 바로 확인이 가능하다. 직원들이 개인카드를 사용하게 되면 개인정보보호법으로 인해 카드 사용 후 취소 등 확인이 불가능하다. 직원들도 개인적인 일과 업무적인 일에 카드를 구분해서 사용해야 한다는 생각에 더 공과 사를 구분하게 된다.

여섯 번째, 사장이 직접 경비 처리 회계 기록을 점검한다. 교제비, 복리후생비 등 보고 싶은 계정 과목을 정해 경리직원에게 회계 처리 기록을 요청해라. 매월 동일 업소에서 경비가 반복으로 발생한 것이 있는지 확인해라. 그럴 경우 관련 영수증이나 증빙을 직접 확인해서 이상한 점이 있는지 점검해라. 영수증의 일련번호가 연속되어 있다면 일부 직원이 빈 영수증 한 권을 통째로 사용하고 있다는 의심을 해야 한다. 또한 경비 처리 내역 중 같은 달에 똑같은 금액이 있다면 카드영수증과 현금영수증을 이중으로 신청한 건인지 확인해라. 사장이 직접 이러한 점검을 하면 경리직원도 함부로 조작하지 못한다.

체크포인트 11: 비용 허위 청구를 통한 횡령 방지하기

세부 체크 리스트	YES	No
1. 업무상 경비 사용 후 회사에 청구 시 반드시 원본 영수증을 제출하게 하고 있는가?	☐	☐
2. 영수증의 위조 여부, 금액 변조 여부 등을 확인하고 있는가?	☐	☐
3. 위조 의심이 가는 영수증이 있을 경우 해당 업소에 전화해서 확인하고 있는가?	☐	☐
4. 경비청구서에 언제 누구와 어디서 어떤 이유로 사용했는지에 대해서 기입하게 하고 있는가?	☐	☐
5. 경비청구 시점은 사용 다음 날 또는 최소 일주일 이내로 제한하고 있는가?	☐	☐
6. 영수증 날짜와 개인 휴가일자를 크로스 체크하고 있는가?	☐	☐
7. 사용 장소는 적절한지 체크하고 있는가?	☐	☐
8. 사용 장소나 날짜 등이 이상할 경우 해당 직원에게 확인하는 절차를 하고 있는가?	☐	☐
9. 직원들에게 법인 개별카드를 사용하도록 하고 있는가?	☐	☐
10. 사장이 직접 경비 처리 회계 기록을 비정기적으로 점검하고 있는가?	☐	☐
11. 동일 업소에서 반복적으로 발생하는 경비의 경우 영수증 일련번호를 확인하고 있는가?	☐	☐
12. 경비 처리 금액이 동일한 건에 대해 카드영수증과 현금영수증으로 이중 신청 여부를 확인하고 있는가?	☐	☐

08
재고 자산 횡령 방지하기

전자사전을 판매하는 M전자 판매 대리점 왕선필 사장은 재고 파악을 하다 입고 된 지 얼마 안 된 신제품의 재고 수량이 또 맞지 않는 것을 발견했다. 미칠 노릇이었다. 2개월에 한 번씩 재고 파악을 하는데 지금까지 단 한 번도 전산상의 숫자와 재고 숫자가 맞은 적이 없었다. 몇 년째 분실된 재고를 합치면 수 천만 원이 훌쩍 넘었다. 아무래도 도둑이 있다고 확신한 왕 사장은 재고 창고 출입문에 CCTV를 설치하고 정문과 후문 열쇠를 바꿨다. 그리고 바꾼 열쇠를 점장에게 주면서 창고관리를 철저히 할 것을 지시했다. 이후부터 점장은 제품이 입고되면 본인이 직접 입고 수량을 파악하고 창고의 후문을 열어준 뒤 제품이 전부 창고에 반입이 될 때까지 지켜본 후 후문을 잠갔다. 이제 창고에서 제품을 훔치기 위해서는 점원들이 있는 매장을 가로질러 계산대 옆을 지나 CCTV가 지켜보고 있는 재고 창고의 정문을 열고 들어가서 제품을 들고나와야만 가능했다. 제품 박스 커버와 창고 내 쓰레기를 비울 때가 되면 점장이 재고 창고 후문을 열어 주고 직원들이 쓰레기를 버리고 돌아오면 후문을 잠갔다. 왕 사장은 재고 분실이 더 이상 없을 거라고 자신했다. 몇 달 뒤 재고 조사를 해보니 마찬가지로 수량이 차이가 났다. CCTV 상에도 이상한 점은 없었다. 점장에게 물어보니 한 번도 본인 없이 후문이 열린 적이 없다고 했다. 귀신이 곡할 노릇이었다. 화가 난 왕 사장은 그날 저녁 고객과 저녁 식사를 한 후 저녁 늦은 심야에 택시를 타고 재고 창고로 다시 돌아갔다. 점장 및 직원들은 다 퇴근한 이후였다. 재고 창고 후문에 도착하여 택시에서 내렸는데 주차장 부위에 있는 대형 쓰레기통에 인기척이 있었다. 자세히 보니 점장이었다. 점장이 이 시간에 뭐하는 거지? 몰래 숨어서 보니 쓰레기통에서 전자사전 제품 박스를 꺼내 차에 싣고는 어디론가 떠났다. 제품이 추가로 입고되던 날 왕 사장은 점장이 후문을 열어 주고 직원들이 재고 창고에서 쓰레기 박스를 버린 것을 몰래 지켜봤다. 직원들이 가게로 돌아가자 점장이 후문을 잠갔다. 왕 사장이 대형 쓰레기통에 가보니 쓰레기가 담긴 박스 안에는 최신 제품의 전자사전 10여 개가 고스란히 들어가 있었다. 가장 믿었던 점장이 직접 물건을 훔치고 있었던 것이다.

2008년 잭 헤이스 인터내셔널(Jack L. Hayes international)사가 수행한 연구 결과에 의하면 매장에서 손님에 의한 절도보다 내부 직원의 절도가 7배 이상 더 많은 것으로 나타났다. 대부분의 매장에는 CCTV가 있다. 이 CCTV는 대부분 손님들의 절도를 막기 위한 목적으로 설치되어 있다. 하지만 정작 훨씬 더 많은 수량이 재고 창고에서 없어진다는 사실을 기억하자. 의류나 신발과 같은 제품의 경우 직원들이 재고 창고에서 마음에 드는 옷을 입거나 마음에 드는 신발을 신고 퇴근하는 경우가 다반사이다. 나중에 매장 손님이 훔친 것으로 처리하면 끝이다. 제품 분실을 없애겠다고 제품 하나하나를 바코드 체계를 도입해서 관리하더라도 마찬가지이다. 물건이 없어진 것은 알겠는데 그 이유를 알 방법이 없다. 결국 손님이 훔친 것으로 간주하고 분실로 처리하는 것이 현실이다. 제품이 쌓여 있는 곳을 관리해라. 즉, 재고 창고를 관리해야 한다. 진열대에서 물건이 없어지는 것은 소량이고 회수도 그리 많지 않다. 진짜 큰 도둑은 재고 창고에서 물건을 훔친다

재고 자산 횡령의 방법으로는 자산 무단 절도, 허위 매출 처리, 손망실 처리, 재고 기록 임의 변경 등이 있다.

첫 번째, 자산 무단 절도는 말 그대로 직원들이 회사의 재고 창고 등에서 회사 자산을 일방적으로 훔치는 행위이다. 서류를 조작하는 등의 은폐 행위도 하지 않는다. 자산 절도는 대부분 회사 자산에 직접 접근이 쉬운 직원들이 저지른다. 특히 근무시간 중에 동료들이 뻔히 보는 상황에서 발생하기도 한다. 그 이유는 직원들은 다른 직원이 근무 중에 절도를 할 거라는 생각 자체를 하지 않기 때문에 물건을 옮기더라도 뭔가 일이 있어서 창고에서 출고되는 물건으로 이해하고 그냥 지나치기 때문이다. 또한 동료가 절도하는 것을 직접 목격하더라도 회사에 이 사실을 알리기를 주저하는 경우도 많다. 아이러니하게도 자산 무단 절도를 하는 직원은 보통 회사에서 무한 신뢰를 받는 직원인 경우가 오히려 많다는 점도 기억할 필요가 있다.

두 번째로는 매출이 발생한 것처럼 허위로 처리하고 재고 자산을 훔치는 방법이다. 보통 외부의 조력자가 있어서 도매상이나 고객인 것처럼 가장하고 창고에 나타나 버젓이 물건을 실어 간다. 겉보기에는 매출이 발생한 것처럼 보이나 직원은 실제 장부상 매출로 처리하지 않고 따라서 이 조력자도 대금 지급 없이 물건을 실어가는 것이다. 어떤 경우는 이렇게 훔친 물건을 다시 반납하고 대금으로 받아가기도 한다.

세 번째는 재고 자산을 훔치고 나서 월말에 손망실로 처리하는 것도 방법이다. 별다른 이유도 없다. 그저 재고 조사를 해보니 없어져 버렸다고 처리하거나 운반 도중 또는 출고 도중 제품에 손상이 생겨 폐기한 것으로 처리한다.

네 번째는 상품의 입고 시 수량을 적게 기입하거나 출고 시 수량을 실제보다 많게 기입하는 등 재고 기록을 임의로 변경하여 자산 횡령을 은폐하는 수법이다. 예를 들어 상품 1,000개가 입고되었는데 장부상에는 900개가 입고된 것으로 송장이나 재고 장부를 허위로 기입하고 나머지 100개는 빼돌리는 것이다. 출고의 경우는 900개를 정상적으로 출고하면서 장부상에는 1,000개를 출고한 것으로 기입하고 잔여 100개를 절도하는 것이다. 주로 입출고를 기록하는 직원이나 재고 창고를 직접 관리하는 직원에게서 발생하는 부정이다. 이 경우 재고 창고에서 보관 중인 송장 및 재고 장부상 수량은 위조된 수량이기 때문에 보통 창고의 재고 수량과 일치하게 되어 있다. 실제 입고 시 매입처가 보관하고 있는 송장 원본과 맞춰 보면 그 차이를 발견할 수 있다.

이러한 재고 자산 횡령을 적발하고 예방하는 방법은 다음과 같다.

우선 자산 횡령을 적발하기 위해서는 비정기적으로 제3자가 재고 조사를 해야 한다. 매번 연말 등 일정한 날을 정해 실시하는 정기 재고 조사는 의미가 없다. 당신이 재고를 훔쳤다면 정기 재고 조사에 대비해서 사전에 준비하고 서류와 수량을 맞춰 놓지 않겠는가? 심지어 창고 간 돌려막기를 하는 경우도 많다. 창고 간 돌려막기는 창고가 여러 곳일 경우 A 창고 재고 조사를 할 때 부족한 재고 수량을 B 창고에서 잠시 빌려다가 채워 놓는 수법이다. 이런 경우 전체 창고를 동시에 재고 조사를 해야 수량 차이를 발견할 수 있다. 재고 창고 관리자가 하는 재고 조사도 의미가 없다. 오히려 스스로 재고를 파악하고 필요시 손망실 처리해 놓거나 재고 수량과 서류 수량을 맞춰 놓을 수 있는 기회를 주는 것이다. 따라서 재고 조사는 제3자가 창고에 사전 통보 없이 불시에 하는 것이 원칙이다. 이렇게 하는 경우 언제 재고 조사가 나올지 모르기 때문에 그 자체로 부정 방지 효과도 있다.

둘째, 재고 관리를 전산화하라. 요새는 몇 만 원만 주면 재고 관리 소프트웨어를 구할 수 있다. 재고 관리 소프트웨어로 입출고 수량을 관리하고 재고 수량을 실시간으로 모니터링하라. 소프트웨어 상에서 재고 수량 변경을 할 수 있는 사람을 제한하고 임의로 수량이 변경된 경우 기록이 남게 해라.

셋째, 적절한 내부통제 프로세스를 구축해라. 경리직원이 매입처에 대금 지급시의 매입 수량과 재고 관리 소프트웨어상 제품 입고 수량의 일치 여부를 확인하는 프로세스를 만들어라. 또한 매출 수금의 경우도 매출 수량과 제품 출고 수량의 일치 여부를 확인하는 프로세스를 만들어 놓아라. 입출고 시 관련 송장을 반드시 보관하게 하고, 입출고 날짜, 수량, 품목, 담당자 등을 수기로 기록하게 하는 등 적절한 기록이 남게 해라. 또한 입고를 담당하는 직원과 출고를 담당하는 직원을 따로 두어라.

넷째, 재고 손망실의 경우 반드시 사진 촬영 등 기록을 남기게 해라. 제품에 손상이 생겨 폐기 처분했다면 손상이 생긴 사진 기록과 폐기 처분하는 과정의 사진 기록 등을 남기게 해라. 재고가 분실되었다면 분실 사유를 정리해서 보고하게 해라. 그래야 다음부터 더 주의해서 관리하게 되고 고의 분실 처리가 줄어든다. 필요시에는 CCTV를 설치해라.

다섯째, 재고 관리를 제3자에게 위탁하는 방법도 고려해 볼 필요가 있다. 재고 분실이 자주 발생한다면 아예 제3의 창고업자 등에게 관리를 위탁하는 것도 방법이다.

체크포인트 12: 재고 자산 횡령 방지하기

세부 체크 리스트	YES	No
1. 비정기적으로 재고 조사를 하고 있는가?	☐	☐
2. 재고 조사는 재고 관리 업무와 관련이 없는 제3자가 하고 있는가?	☐	☐
3. 재고 관리를 실시간 모니터링할 수 있게 전산화하였는가?	☐	☐
4. 전산 시스템에서 재고 수량을 변경할 수 있는 권한을 가진 직원을 제한하고 있는가?	☐	☐
5. 경리직원이 매입 대금 지급시 및 매출 수금 청구시 재고 관리 소프트웨어의 입고 수량 및 출고 수량과 일치 여부를 확인하는 프로세스를 지키고 있는가?	☐	☐
6. 입출고 시 관련 송장을 보관하고 있는가?	☐	☐
7. 입출고 날짜, 수량, 품목, 담당자 등을 수기로 기록하고 있는가?	☐	☐
8. 손망실의 경우 사진 촬영 등 기록을 남기게 하고 있는가?	☐	☐
9. 재고 분실 시 분실 사유를 정리해서 보고하게 하고 있는가?	☐	☐
10. CCTV를 설치하였는가?	☐	☐
11. 재고 관리를 제3자에게 위탁하는 방법을 고려해 보았는가?	☐	☐

09
직원의 뇌물수수 방지법

2013년 10월, 울산지검 특수부는 납품 대가로 협력업체로부터 뇌물을 받은 대기업 D사 구매 담당 임직원 11명을 구속하였으며, 3명을 불구속 기소했다. D사의 구매 담당 차장은 협력업체 11곳으로부터 납품 대가 등의 명목으로 11억 9천만 원을 4개의 차명 계좌를 통해 받아 7곳의 부동산을 구입하는가 하면 구매 담당 전문위원은 협력업체 2곳으로부터 1억 7천만 원을 받고도 '아들이 수능 시험을 치는데 순금 행운의 열쇠를 사달라.'고 요구해 2돈짜리 열쇠를 받는가 하면 가족 일본 여행 경비 일체를 제공받기도 했으며 구매 담당 대리는 협력업체 4곳에서 2억 6천만 원의 현금을 받아 그중 1억 원을 현금으로 집에 보관하고 있다가 적발되기도 했다.

(정재락, 「D조선 뻔뻔한 갑질」, 『동아일보』, 2013.10.16.)

또한 2014년 1월에는 H사의 납품 비리로 임직원 13명을 추가로 기소했다. H사의 모 임원은 납품 대가로 협력업체로부터 3억 원 상당의 골프 회원권을 받아 이용하다, 이를 협력업체에 되팔아 양도성 예금으로 수수했다. 모 부장은 청탁 대가로 총 3억 4천여만 원을 받고도 앞으로 추가로 있을 청탁 대가까지 미리 산정, 돈을 빌려준 것처럼 28억 원 상당의 공정증서를 작성케 하고 이후 이 증서에 따라 돈을 달라고 요구하며 1억 7천만 원을 받았다. 그리고 모 차장은 협력업체로부터 정기적으로 받은 2억 9천만 원을 생활비로 사용하고 월급은 전액 투자금으로 사용하는 등 다양한 형태로 금품을 받거나 요구한 것으로 드러났다. 또한 모 부장은 협력업체와 자신이 아는 회사 간에 허위 세금계산서를 이용해 가공 매출을 발생하게 한 뒤, 그 대금을 청탁 대가로 받은 것으로 나타났다. 검찰에 따르면 H사 임직원들이 수수한 금품은 모두 36억 원에 달했다.

(서대현, 「H사 납품비리 20명 기소」, 『매일경제』, 2014.01.07.)

뇌물은 특혜를 제공해 주고 대가로 받는 대가성 뇌물과 어떤 결정에 대한 단순 인사성 뇌물로 나눌 수 있다. 하지만 그 경계는 솔직히 모호하다. 겉으로는 둘 다 감사의 성의 표시라는 명목으로 포장되기 때문이다. ACFE 자료에 의하면 기업에서 일어나는 임직원의 뇌물수수는 횡령보다 발생 빈도는 낮으나 회사에 끼치는 손실은 횡령보다 2배 정도 높은 것으로 보고되고 있다. 직원들에게 뇌물을 제공한 업체들은 과연 그 돈이 어디서 나겠는가? 당연히 납품가에 고스란히 반영되어 있다고 보아야 한다. 업계마다 다소 차이는 있으나 계약 금액의 3%에서 많게는 20%까지가 뇌물로 제공되고 있다. 뇌물을 받는 부정한 구매팀장 한 명으로 인해 구매 원가의 3%~20%가 올라가는 것이다. 그래서 회사에 끼치는 손실은 횡령보다 더욱 크다. 직원들이 뇌물을 받지 않는 청결한 회사가 되면 이러한 비용이 들어가지 않으므로 원가가 절감되고 경쟁력이 생기는 것이다. 최근에는 ERP, SCM(Supply Chain Management) 도입 등 구매 관련 정보의 공유를 통한 원가 절감 방안 등이 혁신적인 방안으로 유행처럼 번지고 있지만 이런 뇌물수수 관행이 자리 잡고 있는 회사에서 그런 방법들은 순진한 발상에 불과하다. 시스템을 통한 혁신 방안의 도입 전에 기본적인 내부통제 절차가 우선되어야 한다.

뇌물수수 부정의 방법은 크게 '리베이트 수수'와 '입찰 부정을 통한 뇌물수수' 그리고 '인사성 금품수수'의 3가지로 분류할 수 있다.

리베이트 수수는 임직원이 협력업체로부터 고가로 발주를 내고 차액을 되돌려 받는 방법과 업체를 바꾸지 않고 발주를 지속해 주는 대가로 일정액을 정기적으로 받는 방법, 일회성 거래 대가로 계약 금액의 일정액을 받는 방법 등이 있다. 대부분이 구매부서에서 일어나는 방법이긴 하나, 반드시 구매부서로 국한할 수는 없다. 예를 들어 영업부서 담당자가 거래업체에 물건을 저가나 할인가에 납품하고 대가로 리베이트를 받는 방법도 있다.

입찰 부정을 통한 뇌물수수는 경쟁 입찰 시 유착 업체에 계약을 성사시켜 주고 대가로 뇌물을 받는 부정이다. 3개 업체 간 경쟁 입찰을 통해 특정 제품을 가장 저렴하게 납품할 업체를 결정한다고 했을 때 임직원이 한 업체와 짜고 나머지 2개 업체의 견적서를 허위로 만들거나, 2개 업체로부터 협조를 받아 고가의 견적서를 제출하게 하는 방법, 가격이 저렴하고 경쟁력이 있는 업체를 고의로 입찰 업체에 포함시키지 않는 방법, 특정 사양 및 품질 등을 이유로 입찰 참가업체에 제한을 두는 방법, 유착업체에 경쟁업체의 입찰가를 알려 주어 유착업체가 낙찰을 받을 수 있게 하는 방법, 입찰은 정상 적으로 하되 금액 네고를 통해 특정 업체가 최저가 업체가 되도록 하는 방법 등 다양한 방법을 이용하여 유착업체에 계약을 성사시켜 주고 그 대가로 뇌물을 받는 방법이다. 또한 납품만이 아니라 회사 보유 부동산 등 자산 매각의 경우도 특정 구매업체와 짜고 입찰 부정을 저지르고 뇌물을 받을 수도 있다.

인사성 금품수수는 특혜 등 대가 없이 평소에 잘 봐달라는 취지로 협력업체에서 주로 명절, 휴가 때 제공하는 선물, 상품권 등 금품을 받는 것이다. 인지상정으로 생각할 수도 있으나 회사에서 거래처로부터 이런 선물이나 금품을 받는 것을 용인하면 직원들은 덩달아 스스럼없이 받게 된다. 하지만 이러한 비용도 전부 협력업체의 영업 비용이므로 납품 원가에 포함되어 있다고 봐야 한다.

이러한 뇌물수수 부정을 어떻게 적발하고 근절할 것인가? 솔직히 매우 어려운 문제이다. 뇌물수수는 그 특성상 은밀하게 이루어지기 때문에 적발하기가 가장 어렵다. 또한 뇌물을 주고받는 당사자들의 이익을 위해 서로 공모하는 행위이기 때문에 더욱 적발하기가 어렵다.

우선, 거래업체로부터 어떤 경우에도 선물이나 금품을 받아서는 안 된다는 사내 규정을 만들고 이를 직원들에게 공표하여야 한다. 이것이 시작이다. 이러한 사전 공지 없이 과거에 해왔던 관행을 가지고 문제 삼아서는 오히려 직원들의 불만을 야기시킬 수 있다. 새롭게 공표를 하고 그 이후부터 바꿔나가야 한다. 선물이나 금품이 어쩔 수 없이 들어왔을 때는 개인이 가지는 것이 아니라 인사부서에 전달하고 인사부서는 이를 불우 이웃에게 기부하는 등 공적인 부분에 쓰게 한다. 직원 개개인이 업체로부터 받는 것은 절대 금해야 한다. 특히 구정 및 추석 명절 약 15일 전에는 반드시 모든 거래처에게 엽서나 이메일을 보내 명절 인사를 하면서 명절 선물을 보내지 말아 달라는 부탁을 하는 것도 좋다 이와 관련하여 보다 자세한 내용은 '4장 클린 컴퍼니로 거듭나기'에서 언급하겠다.

둘째, 앞의 '06 구매 부정 방지법'에서 언급된 구매 관련 내부통제 절차가 정립되어 있어야 한다. 특히 입찰과정을 최대한 투명하게 만들어라. 최소 3개사 이상 입찰을 통해 거래처를 선정하도록 한다. 한 업체로부터 견적을 받고 계약을 하지 못하게 한다. 그리고 입찰은 가급적 우편으로 받고 우편으로 받은 서면 견적서는 최소 2명 이상이 입회하에 개봉을 하고 입회자가 서명하도록 한다. 이메일로 견적을 받아야 하는 경우는 업체에서 입찰 담당자 이메일로 견적서를 제출하면서 별도로 만든 회사용 이메일에도 함께 메일을 전송하도록 업무 프로세스를 정한다. 그리고 회사용 이메일은 입찰 담당자는 로그인이 안 되고 특정 직원만 로그인할 수 있도록 해두면 입찰 과정에서 부정의 개연성은 줄어든다.

세 번째로 가장 중요한 것은 바로 거래업체들의 목소리를 직접 듣는 것이다. 이것만으로도 뇌물 관련 부정의 70%는 알 수 있다.

정기적으로 협력업체를 방문해서 그들의 불만, 요청 사항을 청취하라. 입찰에 떨어진 업체들에 연락을 하고 방문해라. 실체가 있는 회사들인지 그리고 그런 입찰서를 제출한 적이 있는지도 확인해 본다. 거기에 모든 답이 있다. CEO가 직접 시간을 내서 해야 한다. 당신 회사의 직원들이 어떤 식으로 협력업체들을 다루고 있는지, 어떤 부당한 요구를 하거나 금품을 요구하는지? 어떤 업체와 유착되어 뇌물을 받거나 부정한 짓을 저지르고 있는지? 협력업체 대표들은 다 알고 있다. 그들로부터 진솔한 얘기를 들어라.

구체적인 방법을 설명하면 우선 업체를 방문하기 전에 구매 담당자 또는 경리 담당자로부터 거래업체별로 월별 거래액을 보고받아라. 이 거래업체에는 비즈니스와 관계없는 사무실 복사용지, 복사기와 프린터 토너, 식수 공급업체와 같이 정기적으로 거래가 발생하는 총무성 업체도 포함한다. 최소 과거 3년치를 받아라. 그런 자료가 없다면 지금부터라도 매월 거래액을 보고하게 하라.

[연도별 거래 금액 샘플]

업체명	대표자	주소	사무실 전화번호	거래액			
				2013년	2014년	2015년 1월	2015년 2월

그중에서 1. 과거에 거래를 했으나 지금은 거래가 끊겼거나 매출이 급격히 줄어든 업체. 2. 신규로 거래를 시작하여 매출이 급격히 증가하는 업체를 찾아라.

1번 업체는 불만이 있는 업체로 볼 수 있다. 2번 업체는 유착이 있는 업체로 분류한다. 그리고 해당 업체들의 매출 변동 이유를 담당 직원에게 물어라. 직원이 사실을 말하는지 거짓말을 하는지 유심히 들어 본다.

그리고 나서 우선 1번 업체들을 방문하라. 거래가 끊긴 업체의 경우 방문해서 거래가 중단된 이유가 무엇인지? 거래 중에 불편한 점이 있었는지? 못 받은 대금이 있는지 등을 물어라. 거래가 급격히 줄어든 업체의 경우도 이유나 불만을 청취하라. 만약 귀사 구매직원의 부정이 있다면 방문했을 때 관련 내용을 들을 수 있다. 1번 업체들은 오히려 당신의 방문을 감사하게 받아들일 것이다. 실제 직원 부정과 관련 없이 그 회사 자체의 사정이라 하더라도 당신의 관심과 수고를 감사하게 받아들일 것이다.

2번 업체는 반드시 방문해서 실체를 확인해야 한다. 가급적 사전에 방문을 약속하지 않고 불시에 방문해야 한다. 그래야 제대로 된 회사의 실체를 알 수 있다. 사무실 주소로 가보면 그런 회사가 아예 없을 수도 있다. 사장이 본인이 맞는지도 확인해라. 명의만 빌려준 사장일 수도 있다. 다행히 사장이 있거나 직원이 있다면 거래를 어떻게 하게 되었는지? 불편한 점은 없는지? 등을 청취하라. 거래가 새로 시작된 업체는 하물며 복사용지를 납품하는 회사라 할

지라도 반드시 한 번은 방문하고 사장을 직접 면담해야 한다. 실제 비즈니스를 하는 회사인지 그냥 중간 거래만 하는 브로커인지 확인해야 한다.

회사 사장이 직접 이런 방문을 하게 되면 직원들이 함부로 거래업체와 장난을 칠 수가 없다. 이런 행위만으로도 거래업체 관련 부정의 대부분은 예방할 수 있다. 또한 거래업체들을 통해 업계의 동향, 경쟁사 동향, 직원들의 평가, 절차상 개선할 부분 등 여러 가지 정보를 추가로 얻을 수도 있다. 또한 직원들이 납품업체를 함부로 대하지 못하게 된다. 납품업체도 고객이다. 납품업체에 함부로 하는 직원은 결국 회사를 욕 먹이는 직원이다.

수시로 거래처를 방문해서 불편사항이나 개선사항을 청취하는 것이 사장 업무의 전부인 글로벌 기업들이 있다. 그만큼 거래처의 목소리(VOC, Voice of Customer) 청취는 중요한 경영관리 기법의 하나기도 하다.

체크포인트 13: 임직원의 뇌물수수 방지하기

세부 체크 리스트	YES	No
1. 거래처로부터 선물이나 금품수수를 금지하는 사내 규정이 있는가?	☐	☐
2. 거래처로부터 선물이나 금품을 받은 경우 이를 인사부서에 보고하고 반납하는 절차가 있는가?	☐	☐
3. 명절 전 모든 거래처에게 명절 선물을 보내지 말라는 메시지를 전달하고 있는가?	☐	☐
4. 구매 관련 내부통제 절차가 수립되어 있는가?	☐	☐
5. 최소 3개사 이상 입찰을 통해 거래처를 선정하고 있는가?	☐	☐
6. 서면 입찰 시 최소 2명 이상 입회하에 견적서를 개봉하고 입회자 서명하는 절차가 있는가?	☐	☐
7. 이메일 입찰 시 입찰 담당자 이메일 외에 회사용 이메일로도 접수하는 절차가 있는가?	☐	☐
8. 회사용 이메일은 입찰 담당자가 아닌 제3자가 로그인하게 되어 있는가?	☐	☐
9. 정기적으로 거래업체를 방문하여 VOC 청취를 하고 있는가?	☐	☐
10. 입찰 탈락 업체, 거래 중단 업체들을 방문하여 실체 확인, 업체의 불만, 요청 사항 등을 청취하고 있는가?	☐	☐
11. 신규 거래업체를 방문하여 실체를 확인하고 있는가?	☐	☐

10
회계 부정 방지법

김유리 전무는 L엔터미디어사의 영업 본부장으로 30세의 젊은 나이에 영업담당 임원이 된 전설적인 인물이다. L엔터미디어사는 콘서트 기획사로부터 티켓 판매 위탁을 받아 티켓을 팔아 주고 수수료를 받는 회사로 이 분야에서는 꽤 인지도가 높은 회사였다. 김 전무는 몇 년 전 알게 된 A 기획사의 임동혁 대표와 동년배로 친해지게 되었다. 임 대표가 어느 날 김 전무에게 달콤한 제안을 한다. 콘서트 티켓을 판 대금을 콘서트 기획사에 지불하는 시기가 보통 두 달 후에서 최대 6개월 후이므로 이 동안 임 대표가 이 대금을 다른 곳에 투자해서 월 수익률 6%로 운용할 테니 그 운용 수익을 둘이서 나눠 갖자는 제안이었다. 평소 임 대표의 실력을 잘 알고 있는 김 전무는 흔쾌히 승낙을 하고 회사에는 A 기획사를 중간에 끼워 주고 추가 수수료를 받을 수 있다는 구조로 설득했다. L엔터미디어사는 추가 수익이 발생할 수 있다는 생각에 A 기획사의 재무 상태도 제대로 검토하지 않고 이를 승인해 주었다. 이후 김 전무는 임 대표로부터 총 9억 원이 넘는 현금을 받아 챙기고 주택 구입, 리조트 회원권 구입, 교제비 등으로 사용했다. 그러나 이런 달콤한 상황은 오래가지 않았다. 약 1년 뒤 임 대표가 전화가 왔다.

"김 전무님 큰일 났습니다. 콘서트 기획사에 지불할 이달 말 티켓 대금이 총 230억 원인데 자금에 여유가 없어서 지불하지 못할 것 같습니다. 두 달만 지불을 늦춰 주세요."

급해진 김 전무는 해당 콘서트 기획사를 찾아가 사정을 했으나 거절당했다. 다급해진 김 전무는 L엔터미디어사의 재무담당 최영호 이사에게 도움을 요청한다. 평소 김 전무로부터 승진 등 많은 도움을 받았던 최 이사는 고민한 끝에 L엔터미디어사가 직접 대금을 지불하기로 결단을 내렸다. 최 이사는 A 기획사와 임 대표로부터 두 달 뒤에 해당 금액을 전액 갚는다는 채무 각서를 받고 공증까지 받아 두었다. 230억 원은 원칙적으로 A 기획사에 대한 대여금으로 처리하여야 하나 이렇게 하면 회사가 알게 될 것이 뻔해 최 이사는 이 돈을 2달간만 숨기면 된다고 생각하고 타 회사로부터 받을 미수금이 임의로 줄어든 것으로 허위 전표 처리했다. 그러나 두 달이 지났으나 A 기획사로부터 230억 원뿐만 아니라 얼마 전에 추가로 받은 또 다른 티켓 대금도 지급이 어렵게 되었다는 연락이 왔다. 몇 개월 후 A 기획사의 자금 융통 상황이 더 이상 회복되기 어렵다는 사실을 깨달은 김 전무와 최 이사는 L엔터미디어사의 사장에게 모든 사실을 실토했다. 마른하늘에 날벼락을 맞은 L엔터미디어사의 사장은 여러 방도로 대금을 회수하고자 노력하였으나 결국 1,450억 원의 손실을 입었고, 김 전무는 구속되어 죗값을 치르고 있다.

회계 부정은 회계 기록을 사실과 다르게 조작하는 것을 말하며 소위 '분식회계'라고 한다. 분식회계는 회계에 분칠을 한다는 의미로 화장이나 성형수술처럼 회계 장부상 자신의 본 모습을 감추는 것을 말한다. 이러한 회계 부정이 발생하는 원인에는 여러 가지가 있지만 대부분 회사의 경영이 잘되고 있다는 것을 보여줘야 하는 정신적 압박이 있을 경우 발생한다. 예를 들어 투자가들은 기업의 회계 장부를 보고 그 기업에 대한 판단을 내린 후 투자를 하고 은행도 회계 기록을 보고 돈을 빌려줘도 될지를 판단한다. 기업 운영을 제대로 못 해서 장부상 손실이나 부채만 잔뜩 있다면 아무도 투자하거나 돈을 빌려주려고 하지 않을 것이다. 따라서 기업들은 돈을 끌어오기 위해, 회사 평가를 잘 받기 위해 장부상 손실이 있어도 감추고 부채가 많아도 감추는 등의 분식회계를 하는 경우가 많다. 따라서 회계 부정은 오너 또는 CFO가 저지르는 경우가 약 45%에 달한다. 간부 등 직원들이 회계 부정을 저지르는 경우는 55%로 본인이 담당하고 있는 분야의 실적을 포장하기 위해 또는 앞의 사례에서와 같이 돈을 만들거나 횡령을 은폐하기 위해 회계 부정을 저지른다.

2014년 ACFE 조사 자료에 의하면 회계 부정은 전체 부정 사고의 9% 미만이나 평균 피해 금액은 약 2백만 불로 부정 사고 중 가장 크다고 한다. 회계 부정은 보통 상장기업에서 일어나는 부정으로 대부분 알고 있지만 실제로는 비상장기업이나 소기업에서 일어나는 회계 부정이 훨씬 더 많다. 비상장기업이나 소기업은 오너 경영이기 때문에 방만한 오너 경영이나 오너 가족의 사비 유용 등이 발생하는 경우가 많으며 또한 직원 수 부족으로 인해 특정 직원에게 권한이 집중되는 취약한 구조와 기업 오너가 회계에 대한 지식 부족으로 경리직원에게 회계 관리 자체를 맡기는 경우가 많아 직원들의 회계 부정도 많이 발생하게 된다.

회계 부정을 방지하기 위해서는 우선 경영자가 회계에 대한 기본적인 지식을 갖추고 있어야 가능하다. 그렇다고 회계 장부 기록을 위한 세세한 방법이나 절차 등 모든 내용을 다 알 필요는 없다. 단지 회계가 어떤 식으로 이루어지는 것이며 회계 장부를 보고 뭐가 문제인지, 어떤 부분이 이상한지를 간파하고 점검해 볼 수 있는 수준이면 충분하다. 회계는 보통 많은 사람들이 까다롭고 어려운 분야로 생각하지만 생각보다 어렵지 않다. 단지 익숙하지 않을 뿐이다.

우선 당신이 회계에 대해 전혀 모른다는 가정하에 기본적인 사항을 설명하도록 하겠다. 이를 통해 회계에 대한 개념을 잡은 후 회계 부정 유형별 적발 방법, 방지 체크포인트 등을 통해 회사 경영에 활용할 수 있기를 바란다.

1) 회계 기본

회계란 회사의 경영 활동의 결과를 측정하고 요약해 수치로 보여주는 것이다. 즉 회사가 현재 보유한 자산과 빚이 얼마이고 수입과 지출이 어느 정도인지를 알려 주는 기록이라고 보면 된다. 이를 잘 보여주기 위해 계정 과목이 필요하고 복식부기가 필요한 것뿐이다.

회사가 보유한 자산은 부채와 자본의 합으로 정한다. 이것을 회계 등식이라고 부른다.

자산 = 부채 + 자본

　자산은 누구 소유인가와 관계없이 현재 기업이 보유하고 있는 모든 자원을 말하며 부채는 남에게 꾼 돈으로 마련한 자원이고 자본은 주인의 돈으로 마련한 자원이다. 회사가 부채가 하나도 없다면 '자산 = 자본'이 되어 소위 무차입 경영이라고 부르고 반대로 자본이 0이 되면 '자산 = 부채'가 되어 주인 돈이 다 없어져 버렸으므로 자본 잠식이라고 한다. 기업의 모든 상태를 이 회계 등식으로 나타낼 수 있다.

　회사는 각종 비용을 쓰면서 경영을 통해 수익을 남기고 남는 수익 중의 일부를 투자자들에게 배당을 한다. 이러한 경영 활동은 결국 자본의 변동을 가져온다. 따라서 자본 항목 속에는 수익, 비용, 배당이라는 하위 개념이 들어 있으며 이를 반영하면 다음 식과 같이 된다.

자산 = 부채 + (자본 + 수익 - 비용 - 배당)

　'수익'은 말 그대로 경영 활동을 통해 벌어들인 돈이고 '비용'은 수익 창출을 위해 필연적으로 들어가는 지출을 말한다. '배당'은 비용보다 수익이 커서 이익이 난 경우, 이익 중 일부를 투자자가 가져가는 것을 말한다. 이익에서 주인이 배당금을 가져간 후 나머지는 기업에 그대로 남아 자본이 증가하게 된다.

이 등식에서 '수익 - 비용' 부분을 보여주는 장부를 '손익계산서'라고 하고 '(자본 + 수익 - 비용 - 배당)' 부분은 '자본변동표'를 보면 알 수 있다. 그리고 전체는 '재무상태표'에 나와 있다. 그리고 현금의 수입과 지출 흐름을 보여주는 '현금흐름표'가 있다. 손익계산서, 자본변동표, 재무상태표(구 대차대조표) 그리고 현금흐름표 4가지를 '재무제표'라고 부르며 우리가 일반적으로 얘기하는 회계보고서는 이것을 말한다. 재무상태표는 작성 시점의 자산, 부채, 자본 등 경영 현황을 사진을 찍은 것처럼 정리한 표이고 손익계산서, 자본변동표, 현금흐름표는 작성 시점까지의 일정 기간(보통은 1년간) 동안 발생한 변동 현황을 정리한 표로 이해하면 된다.

회사를 운영하면서 발생하는 자산, 부채, 자본 등의 증감 변화를 요약하고 정리하여 장부에 기입하는 것을 부기(Bookkeeping)라고 한다. 부기는 기록하는 방법에 따라 '단식부기'와 '복식부기'로 나뉜다. 단식부기는 현금이 들어오면 수입, 나가면 지출로 처리하여 장부상 잔액과 보유하고 있는 현금을 맞춰 나가는 방법으로 일반적으로 사용하는 가계부 정리 방법이라고 보면 된다. 이러한 단식부기는 일반적으로 현금을 얼마를 썼고 얼마가 남았다는 거래의 결과만을 보여주므로 사용 원인별로 일목요연하게 정리가 되지는 않아 기업의 복잡한 거래를 정리하기에는 한계가 있다. 반면 복식부기는 재산에 영향을 미치는 모든 거래에 대해 재산이 변동한 원인과 그로 인한 결과를 동시에 기록하는 방법으로 단식부기의 단점을 극복하기 위해 고안된 것으로 기업 회계 처리는 복식부기를 사용한다.

기업 활동에서 일어나는 각종 사건들을 정리하기 위해서 자산, 부채, 자본, 수익, 비용, 배당 등을 좀 더 세분화하고 각각의 용도와 이름을 정한 것을 계정이라고 한다. 이 계정들을 어카운트(Account)라고 부르고 회계학을 어카운팅(Accounting)이라고 한다. 즉 회계학은 계정들을 가지고 만든 학문이라고 할 수 있다. 따라서 회계를 이해하려면 우선 각종 계정들과 친해져야 한다. 계정들에 익숙해지기만 하면 회계는 어렵지 않다. 모든 계정을 다 알 필요는 없다. 자주 쓰고 중요한 계정만을 이해하고 있으면 된다.

그럼 우선 '자산'에서 주로 쓰는 계정을 알아보자. 자산은 1년 이내에 현금으로 바꿀 수 있는 것을 유동자산, 1년 이상이 걸리는 것을 비유동자산이라고 구분한다. 유동자산에는 현금, 보통예금, 정기예금, 채권, 대여금, 외상 매출금, 재고 자산 등의 계정이 있고 비유동자산에는 크게 투자자산, 유형자산, 무형자산 계정으로 구분할 수 있는데 투자자산은 오랫동안 보유할 목적으로 투자한 부동산 등을 말하고 유형자산은 주택, 공장토지, 자동차, 기계장치 등 영업 활동을 위해 실제로 사용하고 있는 자산을 말한다. 무형자산은 브랜드, 영업권, 특허권 등 형태가 없는 자산을 말한다.

'부채' 또한 유동부채와 비유동부채로 구분하는데 역시 1년 내에 갚아야 할 부채를 유동부채, 1년 이상을 비유동부채로 나눈다. 매달 지급해야 하는 신용카드 대금, 물건을 사고 대금을 아직 지급하지 않은 외상 매입금 등이 유동부채에서 자주 쓰이는 계정들이다. 비유동부채에는 3년 만기로 빌린 은행 대출금 등의 계정이 있다.

'자본'은 납입자본금 계정과 이익잉여금 계정으로 나뉜다. 납입자본금은 소유주가 직접 출자한 자본금을 뜻하며 이익잉여금은 영업 활동을 통해 얻은 이익 중에서 배당금을 뺀 나머지(잉여금)를 뜻한다. 3천만 원을 자본금으로 사업을 시작했다면 이 3천만 원은 납입자본금이고 사업을 1년간 해서 5천만 원을 벌어서 이중 천만 원은 살림에 보태 쓰기 위해서 빼 왔다면 이걸 배당이라고 하고 나머지 4천만 원이 이익잉여금이 된다. 사업 1년 후에 자본은 원래 납입자본금 계정 3천만 원과 이익 잉여금 계정 4천만 원으로 구성되고, 총 7천만 원이 새로운 자본금이 되는 것이다. 위 내용들을 일목요연하게 볼 수 있는 표가 바로 재무상태표이다.

[재무상태표]

자산	부채
유동자산	유동부채
- 현금	- 신용카드대금
- 예금	- 외상 매입금
- 대여금	
- 재고 자산	비유동부채
	- 은행 대출금
비유동자산	
- 토지	**자본**
- 자동차	납입자본금
	이익잉여금

손익계산서는 회계 등식에서 '수익-비용' 부분을 보여 주는 표라고 얘기했다. 손익계산서는 수익과 비용 정리를 통해 당기순이익이 나오기 때문에 일정 기간의 기업 경영 성과를 보여 주는 표이다. 손익계산서에서는 흔히 매출액, 매출원가, 매출총이익, 판매비 및 일반관리비, 영업이익, 영업외수익, 영업외비용, 법인세 차감 전 경상이익, 법인세, 당기순이익 등의 계정이 사용된다. 손익계산서 샘플은 다음과 같다.

[손익계산서 (2010.1.1.~2010.12.31.) **]**

매출액	1,500,000,000
(-)매출원가	1,000,000,000
매출총이익	500,000,000
(-)판매비 및 일반관리비	250,000,000
영업이익	250,000,000
(+)영업외수익	50,000,000
(-)영업외비용	70,000,000
법인세 차감 전 경상이익	220,000,000
(-)법인세	44,000,000
당기순이익	176,000,000

재무상태표와 손익계산서가 회사의 경영 현황을 판단할 때 가장 많이 참조하는 회계 서류이다.

주요 계정에 대해서 알아보았으니 이 계정들의 증감을 정리하는 복식부기 방법에 대해서 알아보자. 각각의 계정은 대문자 T모양으로 반으로 나눠서 증감을 기록하도록 되어 있다. T모양의 왼쪽을 차변, 오른쪽을 대변이라고 부른다. 차변과 대변은 자산, 부채, 자본 및 수익과 비용의 증가와 감소를 나누어 기록하는 곳으로 이렇게 차변과 대변으로 구분해 기록하는 것을 '분개'라고 한다. 일반적으로 자산의 증가는 차변에 자산의 감소에 해당되는 거래는 대변에 기입한다. 자산을 기준으로 회계 등식의 등호 오른쪽은 증감을 반대로 기입하는 것을 기억하자.

자산	=	부채	+	자본	+	수익	-	비용	-	배당
+ | -		- | +		- | +		- | +		+ | -		+ | -
차변 | 대변		차변 | 대변		차변 | 대변		차변 | 대변		차변 | 대변		차변 | 대변

예를 들어 3월 1일에 5천만 원을 투자해 온라인 쇼핑몰 회사를 차렸다면 5천만 원이라는 자본금이 증가했고, 이로 인해 회사의 자산이 증가한 거래로 볼 수 있다. 부채와는 관련이 없다. 이를 회계 등식으로 나타내면,

자산 ↑ = 부채 + 자본 ↑

이렇게 된다. 자산 중에서는 현금이라는 계정이 증가하였으며 자

산의 증가는 위 표에 의하면 차변에 기록하고, 자본 중에서는 자본금이라는 계정이 증가하였으며 자본의 증가는 대변에 기록한다. 이를 정리하면 아래와 같다.

월일	적요	차변	대변
3/1	현금 자본금 (온라인 쇼핑몰 회사 설립)	5천만 원	5천만 원

이처럼 모든 거래는 차변과 대변이 발생하고 잔액은 0이 된다. 잔액이 0이 되지 않는다면 뭔가 잘못된 것이다. 위 표와 같이 그날그날 계정의 증감을 기록한 장부를 '분개장'이라고 한다. 이처럼 분개장을 작성하고 나면 여기에 기록된 거래 내용을 각각의 계정별로 옮겨 적는다. 이것을 '전기'한다고 한다. 위 거래를 현금 계정과 자본금 계정에 전기하면 아래와 같다.

현금	
3/1 5천만 원	

자본금	
	3/1 5천만 원

전기를 하고 계정별로 모아 놓은 장부를 '계정별 원장'이라고 한다. 위 표에서 좌측은 현금 계정의 계정별 원장이고 우측은 자본금 계정의 계정별 원장이 된다.

3/15일에 현금 3천만 원을 주고 쇼핑몰에서 판매할 상품을 구매했다고 치자. 이를 회계 처리하면 현금이라는 자산 계정이 감소하였고 상품이라는 또 다른 자산 계정이 증가한 것으로 볼 수 있다. 이를 정리하면,

월일	적요	차변	대변
3/1	현금 　　자본금 (온라인쇼핑몰 회사 설립)	5천만 원	5천만 원
3/15	현금 　　상품 (상품 구매)	3천만 원	3천만 원

이 거래를 계정별로 전기하면 아래와 같다.

현금	
3/1 5천만 원	3/31 3천만 원

상품	
3/31 3천만 원	

따라서 현금 계정의 잔액은 5천만 원 - 3천만 원 = 2천만 원이 되는 것을 알 수 있고 상품은 3천만 원어치가 계정에 남아 있는 것을 알 수 있다. 이처럼 각각의 계정별 증감을 한눈에 볼 수 있다. 계정별 원장의 잔액만을 한 표에 모아 놓은 것을 '총계정 원장'이라고 부른다. 자산, 부채, 자본 등의 변동사항이 발생할 때마다 분개와 전

기를 계속하다 연말에 재무제표를 작성할 시점이 도래하면 각 계정의 잔액만을 모아 '시산표'로 정리하고 이를 통해 최종 집계표인 재무제표를 작성한다.

과거에는 이 모든 작업을 수기로 처리했으나 최근에는 워낙 회계프로그램이 좋아서 분개만 하면 자동으로 계정별로 전기가 되고 재무제표까지 산출이 되어 누구나 쉽게 회계 처리가 가능하다. 일부 프로그램은 분개까지도 알아서 해준다. 복식부기의 기본 개념을 알고 소프트웨어를 몇 번 사용해보면 누구든지 회계정리를 할 수 있다. 경영자라면 최소 1년 정도는 회계프로그램을 사용해서 직접 결산을 해보는 것도 좋다. 그래야 숫자가 보인다. 분개부터 시작해서 연말에 재무제표를 만들어 결산까지 직접 해보면 회사의 경영사정이 한눈에 들어온다. 회사의 경영 숫자를 읽지 못하면서 훌륭한 경영자라고 할 수 없다. 1년만 해보면 그다음부터는 경리직원이 가져온 보고서만 보고도 이해를 할 수 있다. 또한 직원들의 회계 부정을 적발하고 예방할 수가 있다.

2) 회계 부정 적발 및 예방

임직원들이 보통 횡령을 하게 되면 회계 계정을 허위로 생성하거나 임의로 삭제하는 방법으로 횡령 사실을 숨기는 경우도 있으나 이는 경리직원이 아니면 하기 어렵다. 따라서 횡령 사고는 실제와 회계 처리 계정별 잔액이 맞지 않아 결국 회계 장부상에 스스로 드러나게 되어 있는 경우가 대부분이다. 이것이 바로 복식부기의 장점이다. 그러나 당신이 이러한 회계 장부가 알려 주는 시그널을 이해하지 못한다면 계정 잔액이 맞지 않더라도 그 이유는 알지 못하고 넘어갈 수밖에 없다.

간단한 예를 살펴보자. 박성호 씨는 롯데리아 매장에서 캐셔로 일하고 있다. 어느 날 당신이 그 매장에 가서 원가 3,500원짜리 한우 불고기 햄버거를 현금 5,500원을 주고 주문했다면 이는 두 가지 거래에 해당한다. 즉, 원재료인 상품 3,500원이 팔려 나갔으니 상품이라는 재고 자산이 줄고 관련 당초 구입 비용인 매출원가 3,500원이 발생한 거래와 현금 5,500원이 입금되어 자산이 증가하였고 그만큼 매출이라는 수익이 증가한 거래의 2가지이다. 이를 분개하면 아래와 같다.

월일	적요	차변	대변
5/15	매출원가(비용 증가) 상품(자산 감소)	3,500	3,500
5/15	현금(자산 증가) 매출(수익 증가)	5,500	5,500

만약 캐셔인 박성호 씨가 판매 대금으로 현금 5,500원을 받아 그냥 본인 주머니에 넣었다고 가정하자. 그리고 박성호 씨가 횡령을 하자마자 우리가 롯데리아 매장의 판매를 즉시 중지시키고 상품 재고와 매출 계정을 확인한다고 가정해 보자. 한우 불고기 햄버거 1개의 상품을 구매한 비용 3,500원은 발생하였고, 매출 5,500원은

증가했는데 상대 계정인 상품과 현금이 없어 회계상 잔액이 맞지 않게 된다.(아래 분개장 참고) 결국 박성호 씨의 횡령은 회계 장부상 잔액 불일치로 계속 남아 있게 된다.

월일	적요	차변	대변
5/15	매출원가(비용 증가) ???	3,500	???
5/15	??? 매출(수익 증가)	???	5,500

만약 위 사례를 좀 더 발전시켜서 박성호 씨가 캐셔 뿐만 아니라 회계 처리를 하는 경리 역할까지 한다고 가정해 보자. 박성호 씨는 본인이 횡령한 5,500원을 숨기기 위해서 우선 매출 자체를 누락시킨다(2. 현금 절도 방지법 참고) 그렇게 하면 위 분개장에서 두 번째 거래인 현금과 매출 거래를 분개할 필요가 없어진다. 하지만 장부상 불고기 햄버거 1개의 상품(자산 감소) 관련 잔액 불일치는 남게 된다. 따라서 자산 감소 3,500원의 대변 계정의 잔액을 맞추기 위해 허위로 '잡비'라는 차변 계정을 만들어 비용으로 털어 버린다. 누군가 잡비가 무엇이냐고 물었을 때 상품이 분실되어 잡비 처리했다고 주장하면 된다.

관련 분개장은 아래와 같이 되고 회계 장부상 잔액은 일치하게 된다.

월일	적요	차변	대변
5/15	잡비(비용 증가)	3,500	
	상품(자산 감소)		3,500

또 다른 방법은 재고 숫자 자체를 강제로 수정하는 방법이 있다. 예를 들어 5월 1일에 매장이 롯데리아 본사로부터 불고기 햄버거 상품 1,000개를 외상 구매했다고 가정하자. 그렇다면 회계 장부상에는 자산(상품) 증가 3,500,000원(1,000개×3,500원=3,500,000원)과 부채 증가(미지급금)로 분개를 할 수 있다. 이를 분개하면 아래와 같다.

월일	적요	차변	대변
5/1	상품(자산 증가)	3,500,000	
	미지급금(부채 증가)		3,500,000

5월 31일에 1,000개가 다 팔렸고 박성호 씨는 그중 10개의 판매 대금을 횡령했다고 치자, 본인이 횡령한 상품 10개를 모두 잡비로 처리하면 의심을 받을 수 있어서 이 마저도 숨기기 위해서 처음부터 990개의 상품만 구매(990×3,500원=3,465,000)한 것으로 당초 회계 장부를 강제로 수정하는 수법이다. 이를 분개하면 아래와 같다.

월일	적요	차변	대변
5/1	상품(자산 증가)	3,465,000	
	미지급금(부채 증가)		3,465,000

이렇게 하면 일단 회계 처리상 문제가 없다. 하지만 좀 더 들여다 보면 다 허점은 있다. 나중에 본사에 지급해야 할 미지급금이 실제는 3,500,000원인데 장부상에는 3,465,000원으로 서로 다르게 된다. 이처럼 회계 조작은 반드시 흔적을 남긴다. 따라서 회계에 대한 지식이 있다면 충분히 문제점을 찾아낼 수 있고 이를 조사하다 보면 부정 사실을 밝힐 수 있다.

경영자가 직접 분식회계를 하는 경우는 위 사례와 분식의 패턴이 다르다. 오히려 매출을 부풀리거나 비용을 은폐하여 기업의 재무 상태나 경영 성과를 실제보다 좋게 보이도록 조작하는 수법이 주로 사용된다. 또는 매출을 실제보다 앞당겨 잡는 방법도 자주 사용되는 분식 중 하나이다. 이를 통해 주가를 높이거나 투자금을 유치받을 수 있기 때문이다. 전문 경영인의 경우 본인의 경영 실적을 실제보다 높게 보이게 하려고 분식을 한다. 비자금을 조성하거나 세금을 덜 내기 위해 오히려 회사의 실적을 축소시키거나 비용을 확대시키는 역분식 사례도 있다. 이러한 분식회계의 무서운 점은 한번 분식을 하게 되면 멈출 수가 없다는 점이다. 전년도의 분식을 숨기기 위해 매년 계속해서 분식을 해야 한다. 분식의 규모도 눈덩이처럼 점점 커지게 된다. 그러다 결국 회사는 망하게 된다. 카드 돌려막기의 끝은 파산인 것과 같다.

그럼 지금부터 회계 부정의 적발 및 예방법에 대해서 알아보자.

첫 번째로 월말 결산을 해야 한다. 매월 말에 회계 처리를 마감하고 결산을 하는 프로세스를 만들어라. 매월 회계 처리를 마감한다는 의미는 자산, 부채, 자본의 변동이나 수입, 지출 관련 모든 계정들을 다 기록하고 관련 증빙들이 보관되어 더 이상의 추가 입력 사항이 발생하지 않도록 월마다 종결을 짓고 넘어간다는 뜻이다. 그렇게 함으로써 미수금, 미지급금, 재고와 같은 계정들을 나중에 부정한 의도로 임의 변경할 수 없게 만든다. 사장은 이렇게 월 결산을 한 후 관련 회계보고서를 보고받아 검토해야 한다.

매월 검토해야 하는 최소한의 자료 5가지

1. 대차대조표(Balance Sheet): 월말 회사의 자산, 부채, 자본이 기록된 보고서
2. 손익계산서(Income Statement): 해당 월의 수입과 지출이 기록된 보고서
3. 월별 총계정 원장: 해당 월의 각 회계 계정별 기록
4. 미수금 보고서: 해당 월에 거래처에 지급해야 할 미수금 현황을 정리한 보고서
5. 재고 보고서: 해당 월에 보유한 재고 현황

이 보고서는 출력 후 월별로 바인더 철을 해놓아 언제든지 꺼내 볼 수 있도록 정리한다. 특히 대차대조표와 손익계산서는 전 월의 기록과 대비해 보거나 전년도 해당 월 기록과 비교해 보면 경영 성과나 변화를 알 수 있어 경영에도 도움이 된다. 이 보고서를 보았을 때 뭔가 이상한 점이 발견될 경우 계정별 세부 자료와 증빙을 요

청하여 확인해라. 그래도 해결이 되지 않을 경우는 경리 담당자 또는 회계사에게 직접 물어보아라. 임직원이 절도하거나 횡령한 돈은 궁극적으로 회계보고서에 나타나게 되어 있다. 어떤 경우는 계정의 잔액이 맞지 않아 바로 드러날 수도 있고 실제 거래도 없는 업체에 돈이 지불된 것으로 기록되어 있을 수도 있다. 급여 지급 내역도 마찬가지다. 가공의 인물에게 돈이 지급되었다면 회계 기록을 보면 알 수 있다. 사장이 이렇게 매월 회계보고서를 점검하면 대형 부정 사고를 원천적으로 막을 수 있다. 대부분의 회계 부정 사고는 사장이 직원에게 일임한 채 방치한 경우에 발생한다. 부정 발생 초기에 발견하면 호미로 막을 수 있는 사고가 시간이 지날수록 더 이상 손쓸 수 없는 지경이 되어서야 확인되는 경우가 많다는 사실을 기억하자. 또한 부정을 발견하지 못한다 하더라도 매월 점검하는 활동 자체로도 상당한 부정 방지 효과가 있다. 이것이 월말 결산을 해야 하는 이유이다.

두 번째, 매년 회계보고서 분석을 통해 이상 징후를 발견하라. 회계보고서 분석 방법으로는 '수직 분석(Vertical Analysis)', '수평 분석 (Horizontal Analysis)', '비율 분석 (Ration Analysis)'의 3가지 방법이 사용된다. 수직 분석은 대차대조표, 손익계산서 또는 현금흐름표의 계정 과목들의 % 비중을 매년 비교함으로써 이상징후를 발견하는 방법이다. 다음 샘플 표와 같이 자산의 합과 부채 및 자본의 합을 100%로 놓고 각각의 비중을 계산하여 비교하는 방식이다. 수평 분석은 연도별 계정과목 금액 차이를 전년도(2013년도) 금액의 %로 비교하여 분석하는 기법이다. 회사는 사업 구조가 크게 변화하지 않는 한 수직 분석 및 수평 분석의 %가 비슷한 경우가 대부분이다. 이 %가 급격히 달라지는 경우는 뭔가 이유가 있어야 한다.

[대차대조표]

단위: 천 원

	수직 분석				수평 분석	
	2013		2014		차이	
자산						
유동자산						
현금	45,000	14%	15,000	4%	(30,000)	-67%
매출채권	150,000	45%	200,000	47%	50,000	33%
상품(재고)	75,000	23%	150,000	35%	75,000	100%
고정자산	60,000	18%	60,000	14%	-	0%
계	330,000	100%	425,000	100%	95,000	29%
부채						
미지급금	95,000	29%	215,000	51%	120,000	126%
은행차입금	60,000	18%	60,000	14%	-	0%
자본						
자본금	25,000	8%	25,000	6%	-	0%
배당금	75,000	23%	75,000	18%	-	0%
이익잉여금	75,000	23%	50,000	12%	(25,000)	-33%
계	330,000	100%	425,000	100%	95,000	29%

[손익계산서]

단위: 천 원

	수직 분석				수평 분석	
	2013		**2014**		**차이**	
매출액	250,000	100%	450,000	100%	200,000	80%
매출 원가	125,000	50%	300,000	67%	175,000	140%
매출총이익	125,000	50%	150,000	33%	25,000	20%
판관비						
판매촉진비	50,000	20%	75,000	17%	25,000	50%
일반관리비	60,000	24%	100,000	22%	40,000	67%
세전이익	15,000	6%	(25,000)	-6%	(40,000)	-267%

수직 분석 방법을 우선 알아보자. 샘플 표에서 대차대조표의 미지급금이 2013년도에 29%에서 2014년도에 51%로 급격히 증가한 것을 알 수 있다. 이처럼 급격한 증가를 할 경우 관련 증빙이나 서류를 자세히 검토함으로써 부정을 적발할 수 있다. 또한 손익계산서에서 판매 촉진비의 경우 보통 매출액 대비 일정한 비율로 지출되는 경우가 많으나 표에서는 2013년도에 20%에서 2014년도에 17%로 감소한 것을 볼 수 있다. 물론 대량 할인판매 등 특별한 이유가 있을 수 있긴

하나 그런 이유가 없을 경우는 관련 서류를 검토할 필요가 있다. 이처럼 수직 분석을 통해 이상 징후를 발견할 수 있다.

수평 분석의 경우는 연도별로 비교하는 것이다. 손익계산서에서 보면 매출액은 80%가 증가했는데 매출원가는 140%가 증가해, 매출액 증가율 대비 매출원가의 증가율이 훨씬 높게 나타난다. 허위비용 처리 등이 발생했을 가능성이 있으므로 관련 증빙과 서류를 검토할 필요가 있다.

마지막으로 비율 분석(Ration Analysis)은 9가지의 재무비율을 연도별로 비교 분석하는 방법이다.

1. 유동비율(Current Ratio) = (유동자산 ÷ 유동부채) × 100%

유동비율은 재무 건전성을 파악할 때 가장 많이 사용하는 비율로 부채를 상환할 수 있는 회사의 능력을 보여주는 수치다. 기업은 대개 유동부채를 갚지 못해 도산한다. 유동부채란 1년 안에 갚아야 할 의무가 있는 부채를 말하며 이 부채를 갚기 위한 자금 조달이 되지 않으면 회사는 부도가 나는 것이다. 부정의 입장에서는 회사에 횡령이 발생하면 유동자산이 줄어들기 때문에 이 수치가 감소한다. 또한 부채를 숨기게 되면 이 비율이 증가하게 된다. 아래 표를 보면 2013년도에 유동비율이 갑자기 감소가 된다. 2013년도에 자산이 줄었거나 부채를 갚아 유동부채가 줄어들었다는 등의 특별한 거래가 없었다면 부정을 의심해 볼 수 있다.

항목	2011	2012	2013	2014
유동비율	183%	180%	125%	130%

2. 당좌비율(Quick Ratio) = (당좌자산 ÷ 유동부채) × 100%

당좌비율은 유동자산 중에서도 즉시 현금화가 가능한 현금, 예금 및 매출채권 등의 계정인 당좌자산을 유동부채로 나눈 비율이다. 유동비율과 마찬가지로 당좌비율이 급격히 감소한 경우 횡령, 특히 현금 등 당좌자산의 횡령을 의심해 볼 수 있다.

3. 매출채권회전율(Receivable Turnover) = 매출액 ÷ 매출채권

매출채권회전율은 매출 발생 후 자금 회수까지 걸리는 기간을 측정하는 비율로 이 수치가 높은 경우 매출채권이 순조롭게 회수되고 있음을 나타내고 이 회전율이 낮으면 매출채권의 회수 기간이 길어지므로 그에 따른 손실 위험이 증가한다고 볼 수 있다. 부정의 관점에서 보면 허위 매출이 있을 경우 매출채권이 늘어나게 된다. 그러나 실제 발생하지 않은 매출이기 때문에 수금이 될 수가 없다. 따라서 매출채권회전율은 줄어들게 된다.

4. 회수비율(Collection Ratio) = 365 ÷ 매출채권회전율

회수비율은 기업의 하루 매출 평균에 대한 매출채권 비율로 구할 수 있다. 즉 기업이 외상 매출금을 현금으로 전환하는 데 걸리는 평균 일수이다. 일반적으로 매출채권이 빨리 회수될수록 회수비율은 작게 나타난다. 부정의 관점에서는 허위 미수금이나 횡령을 적발하기 위해 가장 먼저 확인해 볼 필요가 있는 비율이다. 보통 기업마다 이 회수비율은 매년 일정한 것이 특징이다. 회사의 거래처 대금 회수 정책이 크게 바뀌지 않았는데 이 비율이 크게 변동한다면 반드시 부정을 의심해 볼 필요가 있다.

5. 재고회전율(Inventory Turnover) = 매출원가 ÷ 평균재고

이 비율은 일정 기간 동안 재고 자산이 총 몇 회 팔렸는지를 나타낸다. 이 비율이 3인 경우 1년간 재고가 3회전 한 것을 의미한다. 어느 기업의 구매, 생산 및 판매에 대한 효율성을 판단하는 지표로 자주 사용된다. 부정의 관점에서는 누군가 재고를 훔쳤을 경우 평균 재고가 줄어들어 재고회전율이 비정상적으로 커지게 된다. 매년 이 비율을 점검하다 이 수치가 갑자기 커진다면 재고 조사를 반드시 해봐야 한다.

6. 평균재고회전일수(Average Number of Days Inventory in Stock) = 365 ÷ 재고회전율

재고회전율을 일수로 변환한 것으로 재고 전체가 소진되는 데 걸리는 평균 일수를 말한다. 이 숫자가 크다는 것은 재고를 창고에 보관하고 있는 기간이 길다는 뜻으로 각종 창고비, 관리비, 이자 비용 등의 증가의 원인이 되어 기업의 비효율을 나타낸다. 이 비율의 갑작스러운 변화는 재고 자산 부정의 징후로 보면 된다.

7. 부채비율(Debt to Equity Ratio) = (부채 ÷ 자본) × 100%

부채비율은 총부채를 자기자본으로 나눈 것으로 기업의 지급 능력을 측정하는 지표이다. 부채비율이 큰 기업은 작은 기업보다 향후 부채를 갚지 못할 리스크가 커진다고 볼 수 있다. 따라서 은행 등 대출기관에서 주로 검토하는 지표이다. 기업이 추가로 대출을 받거나 대출 상환을 하지 않았는데 이 수치가 크게 변한다면 부정을 의심해 볼 필요가 있다.

8. 이익률(Profit Margin) = (세 전 이익 ÷ 매출액) × 100%

회계 기간에 얻은 이익이 매출액보다 어느 정도 비중인지를 나타내는 지표로 일반적으로 마진이 좋다고 할 때는 이 이익률이 높다는 것을 의미한다. 회사의 이익률이 동종 기업보다 과다하게 높다면 회계 부정을 의심해 볼 수 있다. 허위 비용 처리와 같은 횡령이 있을 경우 이익률은 낮아지게 된다. 기업의 이익률은 매년 크게 변하지 않는다. 이 수치가 비정상적으로 변동한다면 부정을 의심해 볼 필요가 있다.

9. 자산회전율(Asset Turnover) = 매출액 ÷ 총자산

이 비율은 기업이 소유하고 있는 자산들을 얼마나 효과적으로 이용하고 있는가를 측정하는 지표로 기업의 총자산이 1년에 몇 번 회전하였는가를 나타낸다. 자산회전율이 높으면 유동자산, 고정자산 등이 효율적으로 이용되고 있다는 것을 뜻하고 낮으면 과잉 투자 등 비효율적인 투자가 이루어지고 있다는 것을 알 수 있다. 자산 횡령이 발생할 경우 자산이 감소되어 자산회전율이 감소하게 된다.

지금까지 회계보고서 분석을 통해 부정 징후를 포착하는 방법에 대해서 간략히 설명했다. 경리 담당에게 관련 양식을 만들어 주고 매년 각종 수치를 보고서로 받아 위 방법으로 직접 검토를 한다. 이러한 회계보고서 분석을 통해 의심이 가는 계정 과목을 찾고 관련 증빙을 검사해라. 모든 부정은 흔적을 남긴다. 이러한 회계 분석은 부정 징후 파악 외에도 기업의 효율성과 개선해야 할 부위를 판단하는데 훌륭한 기초 자료가 된다. 경영자가 모든 회계 처리 방법을 다 알 필요는 없다. 그건 경리 담당자가 할 몫이다. 경영자는 주요 회계 수치 검토를 통해 회사의 효율성을 높이고 전략을 수립하거나 부정을 관리하는 등 큰 그림을 그릴 수 있으면 충분하다.

세 번째로는 종합소득세 신고 서류를 검토하라. 혹시라도 세무조사가 시작되면 본인의 부정이 탄로 날 수 있어서 대부분 종합소득세 신고 시에는 허위로 신고하지 않으려 하는 경향이 있다. 종합소득세 신고서 상의 수입금액, 매출원가, 필요 경비와 평소 관리하던 회계보고서 수치가 동일한지만 검토해 보면 된다. 숫자가 서로 다르다면 뭔가 문제가 있는 것이다.

네 번째는 외부 회계사를 이용하는 방법이 있다. 대부분의 중소기업들은 외부 회계사를 통해 회계 처리 및 세금 신고 등을 한다. 이때 거래하는 회계사를 이용해서 회계 부정 발생 여부를 점검하는 서비스를 받아라. 보통 오랫동안 거래해 온 회계사들은 그 회사의 사정에 대해서 누구보다 잘 알고 있을 것이다. 그들로부터 단순히 장부 정리나 세금 신고 서비스만을 받을 것이 아니라 연 1회 정도 회계 부정 여부를 점검해 달라고 요청해라. 외부 회계사를 이용하지 않고 자체적으로 회계 처리를 하고 있는 회사라 하더라도 외부의 회계사에게 별도 점검 서비스를 받는 것이 좋다. 회계 부정 여부 점검과 함께 전문적인 조언 등도 함께 받아라. 점검 결과 리포트는 사장이 직접 받아야 한다. 다른 직원을 시킬 경우 제대로 된 보고서가 작성되지 않을 수 있다. 이런 데 드는 비용을 아까워하지 마라. 적은 돈으로 큰 손실을 조기에 막을 수 있다.

체크포인트 14: 회계 부정 방지하기

세부 체크 리스트	YES	No
1. 매월 말에 회계 처리를 마감하고 결산을 하고 있는가?	□	□
2. 결산한 후 관련 회계보고서 5가지(대차대조표, 손익계산서, 월별 총계정 원장, 미수금 보고서, 재고 보고서)를 보고받아 검토하는가?	□	□
3. 회계보고서 5가지를 매월 철해 놓고 있는가?	□	□
4. 매년 수직 분석(Vertical Analysis), 수평 분석(Horizontal Analysis), 비율 분석 (Ration Analysis)의 3가지 방법으로 회계보고서 분석을 하고 있는가?	□	□
5. 종합소득세 신고 서류를 회계보고서와 대조하여 검토하고 있는가?	□	□
6. 외부 회계사를 통해 회계 부정 점검 서비스를 받고 있는가?	□	□

11
직원의 도박 행위 방지법

"인터넷으로 도박한 지 4년째고요. 잃은 금액만 3억이 넘습니다. 아, 이
젠 그만해야 하는데 잃은 돈이 너무 아까워서 끊지를 못하고 있어요.
월급은 매달 거의 다 쏟아붓고 있고, 얼마 전에 전셋집도 날렸습니다.
방금도 100만 원 날리고 왔어요. 정말 아내 보기 미안하고요. 부모님,
형제들, 친구들 돈까지 꿔서 도박을 하고 있습니다. 잃은 돈도 찾고 싶
지만, 이제는 아예 나도 모르게 도박을 하는 그 자체가 좋아요. 어떻게
하면 좋을까요? 진짜 도박에 중독된 거 같아요. 이러다가 진짜 큰일 날
것 같습니다. 도와주세요."

(출처: 네이버 지식iN)

"현재 인터넷 포커에 미쳐 있어 돌아 버리겠습니다. 게임한 지 두 달밖
에 안 됐는데 CMA 통장에 모아둔 돈 포함해서 3천만 원 정도 날렸습
니다. 전에는 게임 같은 거 안 했는데 회사 친구 권유로 시작하게 됐어
요. 처음에는 게임머니를 만 원정도 사서 돈도 따고 재미있게 하다가 돈
을 잃다 보니 욕심이 생기고 잃은 돈을 복구하려다 보니 자연스럽게 판

돈이 큰 방에 가서 즐기게 되었습니다. 자꾸 늪으로 빠져든다고 해야 하나? 고작 인터넷에서 게임하는 건데, 칩 산다고 여태 날린 돈을 생각하면 아 정말 미쳐 버리겠네요. 제가 지금 나이가 스물일곱에 직장도 있는데 퇴근하고 밤마다 이런 짓을 하고 있으니 미친 거죠. 아… 확실하게 끊을 방법 없을까요?"

(출처: 네이버 지식iN)

찜질방에서 손님들의 스마트폰을 훔치다 경찰에 붙잡힌 고등학생 김모 군. 범행 목적은 놀랍게도 이른바 '맞대기'라는 스포츠 도박의 판돈을 마련하기 위해서였다. 처음에는 돈을 따기도 했던 김 군은 얼마 지나지 않아 모아둔 돈을 모두 탕진했다. 도박에서 헤어날 수 없던 김 군은 결국 절도를 하기에 이르렀다. 불법 온라인 도박이 청소년에게까지 깊숙하게 침투하고 있다. 스마트폰만 있으면 되기 때문에 청소년들도 무방비로 노출된 상태다. 한국정보화진흥원(KISA)의 '인터넷 중독 실태조사'에 따르면 온라인 불법도박을 접해본 청소년(15~19세)은 전체의 7.8%라고 한다. 이 수치는 전 연령 평균비율(6.4%)보다도 높다. 청소년들이 어린 나이에 도박을 시작하면 성인이 된 후에도 상습 도박자가 될 확률이 매우 높다.

(김명환, 원요환, 「청소년도 온라인도박 노출」, 『매일경제』, 2013.12.06.)

2012년 12월, 대기업 자금팀에서 근무하면서 미국공인회계사까지 가지고 있는 B대리는 도박 빚을 갚기 위해 공문서를 위조하는 방식으로

2년여 동안 회사 돈 165억 원을 횡령한 사건이 신문에 발표되자 세상이 떠들썩했었다. 횡령 금액도 금액이지만, 나름 내부통제 절차가 철저하기로 소문난 대기업에서 그것도 경제적으로 부족할 것 없는 인재가 수년간 회사 몰래 저지른 범죄이기에 그 파장은 더 컸다. 이후로 이 회사는 사내에서 인터넷 도박 사이트가 접속되지 않도록 차단하고 직원들에게 인터넷 도박을 금지시켰다.

이 외에도 잘나가던 유명 연예인들이 인터넷 도박이나 해외 카지노에서 도박을 하다 하루아침에 나락으로 떨어지는 경우를 우리는 종종 보아 왔다. 우리나라 성인 10명 중 한 명이 치료와 상담이 필요한 심각한 도박증세라는 기사도 있다. 이런 심각한 도박을 우리는 종종 별것 아닌 것처럼 취급한다. 물론 필자도 과거에는 그랬다. 하지만 감사업무를 하면서 직원들의 인터넷 도박으로 인한 가정파탄, 이혼, 자살 등 폐해를 보면서 도박 중독의 무서움을 깨닫게 되었다.

인터넷 카지노, 사설 스포츠 토토 등 불법 온라인 도박시장 규모가 2012년도에만 24조 원에 달한다고 한다. 이제는 PC나 스마트폰만 있으면 누구나 인터넷 도박에 쉽게 접근할 수 있기 때문에 그 폐해는 훨씬 더 심각하다. 과거에는 카지노나 바다이야기 같은 오프라인 게임장을 다녀야 도박이라고 생각했다. 지금은 스마트폰을 통해 온라인, 모바일로 불법도박을 언제 어디서든 즐길 수 있다.

회사에서 스마트폰을 이용해 직원 한 명이 불법 스포츠 도박을 한다. 한 번은 돈을 꽤 땄다. 이 친구는 평소 친한 동료에게 맥주 한잔을 사면서 실컷 자신의 능력을 자랑한다. 이 얘기를 들은 동료는 하는 방법을 물어보고 따라서 해본다. 근무시간 중 짬짬이 쉴 때 하면 머리도 식히고 돈도 따고 좋을 것 같다. 이제는 둘이서 근무 중에 함께 인터넷 도박을 하며 얼마를 땄네, 잃었네 얘기하며 즐거워한다. 이를 본 상사는 궁금해서 묻다가 본인도 한번 해 볼까 하는 생각에 회원가입을 한다. 이런 식으로 도박은 직원들 간에 급속도로 전파된다. 한 명으로 시작된 스포츠 도박이 조금 지나면 부서 전원이 거기에 정신이 팔렸다. 이것이 지금 인터넷 도박의 현실이다. 그냥 가볍게 웃어넘길 일이 아니다. 미국의 자살연구협회에 따르면 한 명의 자살자로 인해 6명의 주위 사람들이 영향을 받는다고 한다. 하지만 도박의 경우 10명의 가족이나 친구들에게 부정적인 영향을 끼친다는 실험 결과가 있다. 도박이 자살보다 더 많은 사람의 삶에 좋지 않은 영향을 준다는 것이다. 즉 도박은 도박에 빠진 개인만의 문제가 아니다. 삼성의 경우 직원들의 인터넷 도박을 철저히 금지시키고 있다. 회사 컴퓨터로는 아예 도박사이트 접속이 되지 않게 하고 있다. 하지만 스마트폰으로 하는 직원까지 막을 방법은 없다. 이제도 도박하는 직원을 그냥 두겠는가? 회사에서 이런 일이 일어나지 않도록 최대한 막아야 한다. 그래도 계속하는 직원이 있다면 내보내야 한다.

　임직원들의 도박 행위를 방지하기 위해서는 첫째, 경영자 스스로가 직원들의 도박 행위가 심각한 문제임을 인식해야 한다. 가볍게 넘어갈 일이 아니다. 도박의 심각성을 스스로 느껴야 한다. 어떤 기업은 회사단체 조직 개발 여행을 정선 카지노로 간다고 한다. 이는 직원들에게 아예 도박에 빠지도록 유도하는 행위이다.

둘째, 직원들에게 인터넷 도박이 불법이라는 사실을 알리고 인터넷 도박을 금지시켜라. 실제 사행산업통합감독위원회 등에서 불법 온라인 도박을 감시하고 있으며 경찰에서는 불법 온라인 도박을 뿌리 뽑기 위해 관련 업체와 사용자를 수시로 검거하고 있다. 이런 사실을 함께 공지하면서 인터넷 도박 금지를 직원들에게 공지한다. 이후부터 인터넷 도박을 사내에서 할 경우 삼진 아웃제를 시행하는 것도 고려한다. 1차, 2차까지는 경고하고 3번째에도 적발이 되면 해고를 해라. 솔직히 말해서 도박 중독은 경고나 교육 등으로 해결되지는 않는다. 도박중독자는 도박 자금을 마련하기 위해 가족 친지에게 거짓말을 해서 돈을 빌리고 결국엔 회사 자금에 손을 댄다. 외부에서 범죄를 저지르기도 한다. 인격은 황폐해지고 죄책감, 자괴감, 우울증에 시달린다. 그래서 도박중독자의 자살률은 20%가 넘는다고 한다.

또한 사내에서 불법 도박 사이트의 인터넷 접속을 차단한다. 정부가 불법, 유해정보사이트 차단을 적극적으로 나서서 하고 있어서 그나마 다행이다. 혹시 직원이 접속하고 있는 불법 사이트를 알게 되면 사이버경찰청(1566-0112)에 신고한다. 그러면 추가로 차단해 준다. 하지만 불법 도박 사이트의 인터넷 접속을 차단하는 작업은 매우 어려운 일이다. 너무나 많은 사이트들이 새로 생겨나고 있기 때문이다. 실제 사행산업통합감독위원회가 2013년까지 발견한 불법 인터넷 도박사이트는 6,642곳이다. 이제는 SNS에도 불법도박이 침투하면서 온라인 도박에 노출될 위험성은 더욱 커졌다. 페이스북을 활용한 불법 도박 앱은 2013년도에 2,000만 개에서 2014년은 2억 개가 넘을 것으로 추정하기도 한다. 이런 곳을 전부 막는다는 것은 불가능하다. 직원들이 도박에 빠지지 않도록 항상 관심을 가지고 지켜보고 건전한 사무 환경을 만들어 주어야 한다. 그리고 도박에 이미 빠진 직원이 있다면 최대한 빨리 내보내서 선량한 다른 직원들을 보호하는 방법이 최선이다.

체크포인트 15: 인터넷 도박 방지하기

세부 체크 리스트	YES	No
1. 직원들의 도박 행위가 심각한 문제라는 사실을 확실히 인식하고 있는가?	☐	☐
2. 인터넷 도박 행위가 불법이며 사내에서는 금지한다는 지침을 직원들에게 공지하였는가?	☐	☐
3. 인터넷 도박을 하다 적발 시 삼진 아웃제 등 징계 처리 지침을 직원들에게 공지하였는가?	☐	☐
4. 불법 도박 사이트의 사내 인터넷 접속 자체를 적극적으로 차단하고 있는가?	☐	☐

12
내부정보 유출 방지법

2014년 1월, 1억 500만 건이라는 사상 초유의 고객 정보 유출 사건이
발생했다. 대한민국 국민 숫자보다 더 많은 수의 개인정보가 유출되었
다. 이름, 휴대전화 번호, 집 주소, 직장 주소, 연 소득, 주거 형태, 차량
소유 여부, 여권 번호까지 고스란히 털렸다. 소위 대한민국이 통째로 털
렸다. 정보 유출 방법을 보면 더 가관이다. 신용카드사의 위변조 방지
시스템을 개발하는 업무를 맡은 협력사 직원이 용역 작업을 하면서 카
드사 회원 정보에 접근하여 이를 USB에 다운받아 가지고 나온 것이다.
이 직원은 이를 대출 광고업자 및 대출모집인에게 팔아넘겨 구속된 것
이다. 외부에 프로그램 개발 용역을 맡길 경우 사내 주요 DB 접근 권한
자체를 주지 않는 것이 기본이다. 프로그램 개발자가 나쁜 마음을 먹고
사내 DB에 바이러스를 심을 수도 있고 DB가 통째로 유출될 수도 있기
때문이다. 아무도 신경 쓰지 않은 것이다. 그렇지 않더라도 하물며 이런
작업을 하는 직원이 회사 밖으로 나갈 때 보안직원이 USB 등을 가지
고 나가지 못하도록 차단하기라도 해야 했던 것이 정상이다. 이 사건으
로 인해 관련 카드사 경영진들이 일괄 사의를 표명했으며 피해 고객들

은 해당 카드사를 상대로 집단 소송을 시작했다.

기업 중에서도 정보 보안 시스템 및 관리가 그나마 가장 잘 되어 있다고 알려진 기업이 바로 금융 회사들이다. 금융 회사들에게 고객 정보는 그중에서도 가장 핵심 정보이기 때문이다. 이 사건만 보더라도 아직까지 우리나라 기업들의 내부정보 보안 관리 수준을 알 수 있다. 최근에는 보험사도 털렸다. 이제는 이런 보안 사고가 더 이상 놀랍지 않을 정도로 무감각해져 버린 것이다. 서글픈 현실이다.

특허나 원천 기술을 보유하고 있는 기업들의 경우 보안 사고는 회사의 생존과 직결된다. 이런 회사들이 내부정보 보안 관리에 구멍이 뚫려 핵심 기술이 털릴 경우 회사를 닫아야 할 수도 있다. 소 잃고 외양간 고쳐 봐야 소용없다. 가까운 미래에 정보보안은 대부분의 기업에서 가장 중요한 핵심 관리 포인트가 될 것이다. 현 단계에서 정보 유출 등 보안 사고를 방지할 수 있는 주요 방법에 대해 알아보자.

첫째, 가장 중요한 것이 직원들의 보안 관리 의식이다. 수백억 원을 들여 해킹에 대비한 보안 시스템을 만들더라도 직원들이 보안 의식이 없다면 아무 소용없다. 회사의 보안은 시스템이 지키는 것이 아니라 직원들이 함께 지키는 것이다. 앞의 사례의 협력사 직원은 삼성카드사에도 투입되어 똑같은 작업을 했으나 삼성카드의 고객정보는 유출하지 못했다. 삼성카드사는 보안 규정이 까다로워 자료를 요청해도 직원들이 이것저것 이유를 묻고 따져서 아예 개인정보 유출 시도 자체를 하지 않았다고 한다. 즉 삼성카드사는 보안이 기술적으로 뛰어나서 이번 사고를 면한 것이 아니라 직원들의 보안 관리 의식과 보안 관리 체계에 의해 사고를 사전에 차단한 것이다.

보안 관리 의식의 기본은 책상 정리·정돈이다. 직원들이 퇴근할 때 책상 위에 서류를 방치하지 않고 중요 서류는 반드시 시건 장치를 한 책상 서랍이나 캐비닛에 보관하게 한다. 만약 당신이 경쟁사 사무실의 청소부로 가장하여, 직원들 퇴근 후 사무실을 들어갔는데 책상 위에 중요 서류들이 방치된 채로 직원들이 퇴근했다고 가정해 보자. 의외로 쉽게 중요 서류가 유출될 수 있다. 경쟁회사를 파악하기 위해 자주 쓰는 방법 중 하나가 고객이나 투자자로 가장해서 사무실을 방문, 관련 자료를 정식으로 요청하는 방법이라는 사실을 아는가? 직원들이 보안 의식이 없는 경우 이런 상황에서는 순순히 회사 기밀을 보여 주고 말 것이다. 청소부로 가장하거나 고객으로 가장해서 자료를 빼내는 스파이 같은 행위가 영화에서만 나오는 일이라고 생각하면 오산이다. 실제 현실에서 일어나고 있는 일이다. 회사 자료를 빼내기 위해 미인계를 쓰는 것도 전통적인 방법 중 하나이다. 정리·정돈과 중요 서류의 보관 습관이 정착될 때까지 직원들을 교육시켜야 한다.

둘째, 직원 채용 시 비밀 유지 의무가 구체적으로 기재된 '기밀유지서약서'를 받도록 한다. 또한 중요 서류에는 반드시 좌측 상단에 '대외비' 또는 '극비'라는 표시를 하도록 한다. 직원이 퇴사하면서 회사의 영업 비밀 등을 경쟁사로 가지고 가는 경우 그 피해가 상당하다. 이로 인해 법정 다툼까지 갈 경우 직원들에게 '기밀유지서약서'를 받았는지, 해당 자료가 대외비 자료임을 고지했는지 여부가 매우 중요하다. 영업 비밀을 지키기 위해 회사가 어느 정도 조치를 취했는지에 따라 영업 비밀 침해 인정 여부가 엇갈리기 때문이다.

셋째, PC 보안 관리이다. 대부분 자료는 PC로 생성, 출력되거나 이메일로 주고 받는다. 따라서 이러한 PC에 대한 보안 관리 체계가 없이 내부정보 보안을 생각할 수 없는 시대가 되었다. 이러한 PC 관련 보안 관리로는 USB 등으로 파일을 저장하지 못하게 하는 외부 저장 매체 사용 금지 프로그램, 아래아 한글이나 워드 등으로 작성된 각종 문서를 생성 시부터 암호화하여 해당 파일을 이메일로 외부로 보내더라도 열어 볼 수가 없게 만드는 문서 보안 프로그램, 프린터 인쇄를 차단하거나 인쇄 시 승인을 받도록 하는 출력 보안 기능 등이 있으며 메신저나 메일을 통한 유출 방지를 위한 메일 필터링 기능도 있다. 월 10만 원 정도면 이러한 PC 관련 보안관리 통합 솔루션을 제공하는 업체들을 활용할 수 있으므로 이를 적극 검토하자.

마지막으로 아무리 훌륭한 보안 체계와 시스템이 있다 하더라도 직원이 나쁜 마음을 먹으면 보안 유출은 막을 수 없다고 생각하고 핵심 보안 사항은 사장이 혼자서 직접 관리하는 것이 가장 안전한 방법이다.

체크포인트 16: 내부정보 보안

세부 체크 리스트	YES	No
1. 평소 직원들이 책상 정리·정돈 및 캐비닛 서류 정돈을 잘하고 있는가?	☐	☐
2. 점심시간이나 퇴근 전 책상 위에 불필요한 서류가 남아 있지 않은가?	☐	☐
3. 직원들이 책상 서랍이나 캐비닛 서랍을 항상 잠그고 퇴근하는가?	☐	☐
4. 전 직원들에게 '기밀유지서약서'를 받고 있는가?	☐	☐
5. 중요 서류에는 '대외비' 또는 '극비'라는 표시를 하고 있는가?	☐	☐
6. 중요 파일이 PC에서 USB 등에 복사가 되지 않도록 하는 외부 저장 매체 사용 금지 프로그램이 설치되어 있는가?	☐	☐
7. 문서 보안 프로그램이 설치되어 있는가?	☐	☐
8. 출력 보안 기능이 설치되어 있는가?	☐	☐
9. 메신저나 이메일 필터링 기능이 설치되어 있는가?	☐	☐
10. 핵심 보안 자료는 경영진이 직접 관리하고 있는가?	☐	☐

제4장

클린 컴퍼니로 거듭나기

:
:

회사에 제대로 된 부정 예방 프로그램이
자리를 잡으면 단기적으로는
과거의 수많은 잘못된 부정들이
하나둘씩 그 모습을 드러낸다.
이러한 부정들을 과감히 잘라내고
정리하다 보면 그 회사는
자연스럽게 변화한다.
그리고 놀라울 만한 생산성과
경영 성과를 안겨다 줄 것이다.

01
청결한 조직은 강하다

    한국의 제조업 평균 수명은 23.9년이라고 한다. 지금은 더 줄어서 기존 산업은 20년, IT 산업은 10년을 넘기기 어렵다. 즉 대부분의 기업은 10~20년 이내에 성장의 한계를 맞게 된다는 얘기이다. 이러한 생존의 변곡점에 이르기 전에 기존 시스템의 한계를 극복해내지 못하는 기업은 쇠락을 맞게 된다.

    그렇다면 어떻게 한계를 극복할 것인가? 예를 들어 10억 원의 매출을 하는 회사가 100억 원의 매출을 하는 회사로 성장하기 위해서는 어떻게 해야 할까? 전 직원이 합심하여 10배의 노력을 하면 이룰 수 있을까? 그렇게 하면 오히려 그 회사는 망한다. 차라리 10억 원 매출을 계속 유지할 수 있게 노력하는 것이 더 현명한 방법이다. 10억 원 매출을 하는 회사와 100억 원 매출을 하는 회사는 전혀 다른 회사여야 한다.

    전략, 사람, 시스템, 프로세스가 전부 바뀌어야 한다. 소위 처자식 빼고 전부 바꾸는 처절한 혁신이 필요하다. 그러나 이러한 혁신을 성공시키기 위해서 반드시 가장 먼저 통과해야 하는 큰 수술이 있다. 그것은 기존 회사가 가지고 있던 잘못된 습관과 부정 관행의 뿌리를 뽑는 작업이다. 조직에 부정이 남아 있는 한 그 어떤 혁신도 효과를 거둘 수가 없다. 운 좋게 혁신을 완성했다 하더라도 그 수명이 오래가지 못한다. 왜냐하면 현대의 기업들은 부정 관련 다양한 리스크에 노출되어 있기 때문이다.

임직원 횡령 등으로 인해 직접적인 손실 발생, 주주나 투자자의 소송 제기, 회계 부정으로 인한 세무조사, 경영자 구속, 파산 등의 재정적인 리스크 뿐만 아니라 사내 임직원 부정의 미디어 노출만으로도 수년간 쌓아온 회사의 평판이 한순간에 무너지질 수 있다. 성희롱으로 대표가 구속될 수도 있고, 핵심 기술이 경쟁사에 유출되어 한순간에 막심한 피해를 당할 리스크도 있다. 심지어 회사 직원이 회사의 승인 없이, 회사 정책과 무관한 부정을 저질렀다 하더라도 회사가 법적 책임을 져야 하는 리스크도 있다. 이러한 리스크의 원인을 보면 대부분이 부정과 관련되어 있다.

블로그, 페이스북, 트위터, 스마트폰 등의 발달로 세상에 더 이상 비밀은 없다고 봐야 한다. 사내에서 발생하는 모든 일들이 언젠가는 노출이 된다. 사내에 부정이 있다면 언젠가는 그 심판을 받게 된다. 한때 고객으로부터 사랑과 존경을 받던 회사들이 부정으로 한순간에 무너지는 사례는 수도 없이 많다. 이런 모든 일이 남의 얘기라고 생각되는가? 다들 그렇게 생각했다. 하지만 부정으로 인한 리스크는 갑작스럽게 찾아오고 그때는 이미 늦는다. 왜냐하면 한 번에 치유할 수 없을 정도의 피해를 가져오기 때문이다. 대부분은 그 한 번으로 문을 닫는다.

부정이 없는 청결한 회사, 클린 컴퍼니는 강하다. 2013년 국가 청렴도 세계 3위로 아시아에서 가장 부정부패가 없는 것으로 유명한 싱가포르를 보자. 인구 530만 명으로 서울보다 약간 큰 도시 국가인 이 나라의 1인당 GDP는 세계 8위, 아시아 1위로 5만 불을 넘었으며 이는 미국, 독일, 일본보다 높다. 싱가포르뿐만 아니라 대부분의 국가 청렴도 상위 국가들은 1인당 GDP 순위에서도 상위를 차지하고 있다.

반면 우리나라의 2014년 국가 청렴도는 43위, 1인당 GDP는 29위이다. 한국 경제가 선진국 수준의 1인당 GDP가 되기 위해서는 창조와 혁신이 가장 필요하다고 한다. 하지만 창조와 혁신으로 가기 전에 보다 근본적으로 깨끗해져야 한다.

기업 부정 예방 프로그램은 지난 수 세기 동안 주로 미국, 영국 등 선진국에서 발전해 왔다. 선진국의 기업 경영자들은 부정을 예방하는 것이 회사를 오랫동안 유지시키는 가장 핵심적인 항목이라는 것을 일찍부터 깨달았기 때문이다. 한국 기업가들의 경우 삼성 등 일부 대기업을 빼고는 아직도 이런 생각을 전혀 못 하고 있는 것 같다. 회사의 수익을 위해서는 다소 불법적인 행위도 서슴지 않는다. 세월호 사고는 한국 사회 및 한국 기업들의 이러한 단면을 여과 없이 보여준 가슴 아픈 사례이다.

회사에 제대로 된 부정 예방 프로그램이 자리를 잡으면 단기적으로는 과거의 수많은 잘못된 부정들이 하나둘씩 그 모습을 드러낸다. 이러한 부정들을 과감히 잘라내고 정리하다 보면 그 회사는 자연스럽게 변화한다. 그리고 놀라울 만한 생산성과 경영 성과를 안겨다 줄 것이다. 부정 예방 프로그램은 회사를 제대로 경영하고 발전시키기 위해서 최우선으로 투자해야 하는 항목이다. 하지만 이런 사실을 아는 경영자는 많지 않다. 안타까운 현실이다.

청결한 조직은 강하다. 70년의 기업 역사를 가지며 글로벌 최고 수준으로 성장한 삼성과 120년 역사를 가진 GE의 공통점이 있다. 그것은 깨끗한 조직 문화를 가장 중요하게 생각하는 기업이라는 점이다. 당신의 기업은 깨끗하다고 자신할 수 있는가? 자신할 수 없다면 지금도 늦지 않았다. 다음에 제시하는 청결한 회사를 만들기 위한 회사 개혁 방법을 적극적으로 채용해 보길 바란다.

02
클린 컴퍼니 만들기 10단계

1단계: 클린 컴퍼니를 선언하라

선언은 힘이 있다. 깨끗한 회사로 거듭나겠다는 선언을 하라. 직원들과 거래업체에 이제부터 우리 회사는 법과 도덕을 지키는 클린 컴퍼니로 거듭나겠다는 선언을 해라. 거래처로부터 어떠한 선물도 받지 않을 것이며 도덕성에 어긋나는 일은 하지 않을 것을 사내 외에 선포하라. 지금까지 어떻게 해 왔던 관계없다. 새롭게 시작하면 된다. 새로운 출발을 위해서는 반드시 이러한 선언이 필요하다. 회사의 클린 선언문을 새롭게 만들고 사무실이나 공장 등에 비치하라. 그리고 즉시 실천하라.

예를 들어 모든 거래업체에 메일을 보내 회사의 정책을 설명하고 이번 명절부터는 어떠한 선물도 보내지 말라고 요청하라. 이러한 메일을 임직원들에게도 같이 보내서 알게 해라. 그런데도 과거처럼 거래처로부터 선물이 오면 정중히 돌려보내거나 보육원 같은 곳에 기부해라.

또한 모든 사내 회의 시작 전에는 반드시 회사의 클린 선언문과 관련한 내용을 언급하고 시작하는 절차를 만들어라. 뼛속까지 새롭게 시작한다는 생각으로 가급적 업무의 많은 부분까지 깊이 침투해야 한다. 그렇게 하기 위해서는 수시로 전파해야 한다. 형식적으로, 구호적으로 하는 선언은 효과가 없다. 실제 업무단까지 파급이 되어야 한다. 직원들이 우리 회사는 법과 도덕을 지키는 깨끗한 회사이라는 사실을 알아야 하고 또한 이러한 회사에 다니는 것을 자랑스럽게 여기도록 만들어라.

경영진이 먼저 솔선수범해야 한다. 경영진 스스로가 공과 사를 명확히 해야 한다. 경영진이 회사 차를 주말에 무상으로 사용해 왔다면 지금부터라도 주말 사용한 기름값으로 전체 기름값의 15% 정도를 회사에 반납해라. 별것 아닌 것 같지만, 직원들에게 시사하는 의미는 매우 크다. 거래처로부터 선물이 왔다면 이를 회사에 가져와서 인사나 총무를 시켜 거래처에게 돌려보내거나 보육원 등에 기부하게 해라. 경영진부터 변화된 새로운 모습을 직원들에게 보여줘라. 스스로 변하지 않으면서 직원들에게만 깨끗해지고 부정행위를 하지 말라고 요구하는 것은 허황된 생각이다. 경영진이 부도덕한 회사에서 직원들이 깨끗할 것이라는 생각은 오산이다. 경영진이 깨끗하더라도 조직 내 부정은 항상 있다. 하지만 경영진이 부도덕한 경우 조직 내 부정은 만연해질 수밖에 없다. 그리고 그런 회사는 얼마 가지 않아 문을 닫게 된다. 깨끗한 회사에는 깨끗한 문화가 있다. 기존에 없던 새로운 문화를 만들어가기 위해서는 출발점이 필요하다. 그러한 출발점이 바로 회사의 클린 선언이다.

2단계: 클린 가이드라인을 수립하라

클린 가이드라인은 거래처로부터 뇌물이나 선물을 받는 행위, 술이나 골프 접대를 받는 행위, 횡령 행위, 근무 태만 등 회사에서 금하고 있는 각종 부정행위에 대해서 명시하고 임직원들이 평상시 업무를 하면서 이러한 상황에 처했을 때 어떻게 행동해야 하는지에 대한 구체적인 행동 가이드를 제시한 일종의 지침이다. 지침을 어겼을 경우 징계 등 책임 사항에 대해서도 명시해 놓는 것이 좋다.

이러한 클린 가이드라인은 직원이나 거래업체들이 언제든지 찾아볼 수 있도록 회사 홈페이지 등에 올리고 사무실 잘 보이는 곳에 비치한다. 직원들 개개인에게도 배포해서 항상 책상에 붙여 놓고 근무하도록 하는 것도 좋다. 그리고 매년 초 연봉 계약 등을 할 때 임직원들에게 가이드라인을 준수하겠다는 서약서에 서명을 함께 받아라. 거래업체에도 사내 기준을 배포해서 적극적인 협조를 구한다.

클린 가이드라인을 어겼을 경우에는 지위 고하를 막론하고 강한 책임을 묻는 등 적극적으로 이를 실천해야 한다. 부정에 대한 책임은 무관용(Zero-Tolerance) 원칙을 고수하는 해외 기업들이 많다. 제갈량이 공정한 업무 처리와 법 적용을 위해 눈물을 머금고 본인이 아끼는 장수 마속의 목을 벤 것과 같이 읍참마속의 마음으로 책임을 물어야 한다. 그래야 직원들이 실감하고 가이드라인을 준수하려고 노력한다. 실천하지 않는 규정은 구호에 불과하다. 실천을 수년간 꾸준히 해야 비로소 문화로 자리 잡게 된다. 그 과정은 어려우나 일단 이런 청결한 문화가 자리 잡힌 회사는 절대 망하지 않는다.

3단계: 핫라인(Hot Line)을 구축하라

핫라인은 회사에서 일어나는 각종 문제를 본인의 신분 노출 없이 회사에 고발할 수 있는 소통 채널이다. ACFE 보고서에 의하면 핫라인을 통한 부정 적발이 전체의 51%에 달할 정도로 회사 내에서 발생하고 있는 부정을 파악하기 위한 가장 효과적인 방법 중 하나이다. 왜냐하면 회사 내 부정 행위자에 대해서는 그의 부하, 동료 또는 상사, 그리고 관련 업체 사람들이 가장 잘 알고 있기 때문이다.

2007년 Ethics Resource Center가 실시한 조사에 의하면 56%의 임직원들이 다른 직원들의 비도덕적인 행위를 목격했다고 하며 언스트 앤 영(Ernst & Young)의 조사에 의하면 80%의 직원들이 동료들의 불법적인 행동이나 부도덕한 행위를 제보할 의사가 있으며 39%는 익명성만 보장된다면 관련 보고서까지 만들어 제출할 의사도 있다고 답했다.

만약 회사 내 이러한 채널이 없다면 직원들은 어떻게 할까? 회사의 문제를 알고 있어도 얘기할 곳이 없어 그냥 덮어 버리게 된다. 성실하게 근무하는 직원들은 부정을 저지르는 동료나 상사를 보고 상대적으로 무력감을 느끼거나 혼자 손해 본다는 생각에 부정을 따라 하게 된다. 능력 있고 정의감 있는 직원들은 아예 회사를 떠난다. 결국 이런 문제가 지속되면 회사는 점점 병들게 되고 나중에 곪아 터지는 지경이 되면 더 이상 회복이 불가능해진다.

우선 가장 손쉽게 핫라인을 구축하는 방법은 이메일을 활용하는 것이다. 핫라인 전용으로 회사 이메일을 만들고 직원들에게 제보해 줄 것을 알려라. 메일 확인은 사장이 직접 하는 것이 좋다. 직원에게 맡기려면 직원들로부터 가장 신임을 받는 직원 두 명을 선발해서 시키는 것이 좋다. 반드시 두 명 이상을 지정해서 한 사람이 임의로 내용을 삭제하거나 변경하지 못하게 해야 한다. 그리고 모든 직원에게 이러한 핫라인이 있음을 공지하고 적극적으로 활용할 것을 알려라. 거래업체에도 공지한다. 제보 내용을 일부에 국한하지 말고 회사 내 부정 사항 제보, 각종 개선 요구 사항 등 회사에서 일어나는 모든 문제를 대상으로 하는 것이 좋다.

홈페이지에 연결된 별도의 인터넷 제보 페이지를 구축하고 서로 내용을 주고받을 수 있도록 비밀게시판 형태로 만드는 것도 좋다. 임직원 부정 관련 제보의 경우 제보자가 구체적으로 내용을 알려 주면 좋지만 그렇지 않을 경우 더 이상 추가 확인이 어렵기 때문에 단순 이메일 접수보다는 조사 과정에 제보자와 서신으로라도 계속 대화해 나갈 수 있도록 구축하는 것이 좋다.

핫라인을 설치하는 것은 언뜻 보면 간단해 보이지만 효과적인 제보 프로세스를 설계하기 위해서는 여러 가지 고려가 필요하다. 우선 제보자의 익명성과 비밀 보장이 충분히 되도록 설계가 되어야 하고 어떤 방법으로 제보를 받을 것인지, 제보가 접수되면 누구에게 이 내용이 전달되도록 할 것인지, 조사 및 사후처리는 어떻게 할 것인지도 고려되어야 한다. 궁극적인 목표는 직원들, 거래처들 및 고객들에게 회사의 최고 경영층에게 정보를 직접 전달할 수 있는 가능한 모든 방법을 제공하는 것이다. 제대로 만들어진 핫라인만으로도 부정의 절반 이상은 적발하거나 예방할 수 있다는 사실을 기억하길 바란다.

4단계: 직원들과 1:1로 소통하라

H물산의 재고 창고를 10년 동안 관리하는 직원이 있다. 세 아이의 아버지로 평생을 정직하고 성실하게 살려고 노력해 왔다. 근무 중에는 재고가 분실되는 일이 없도록 창고를 떠나지 않고 항상 자리를 지켜온 덕분에 큰 사고 없이 창고를 관리해 왔다. 특별히 배운 것이 없던 그에게는 성실함 하나가 최고의 무기였다. 아내는 박봉인 남편의 월급에 생활비를 좀 더 보태기 위해서 몇 년 전부터 식당 일을 시작했다. 그러던 어느 날 식당에서 일하던 아내가 쓰러져 병원에 가보니 골수암이라고 했다. 당장 수술을 해야 하는데 딱히 모아둔 돈이 없어 회사에 사정을 얘기하고 대출해 줄 수 있는지 부탁해 보았지만 도와줄 방법이 없다는 대답이 전부였다. 그가 할 수 있는 것은 그저 부인에게 진통제를 사다 주는 것뿐이었다. 부인에게 미안한 생각으로 하루하루를 보내던 중 본사에서 새로 입사한 영업팀장이 창고를 찾아왔다. 대기업 영업부장 출신으로 한때 잘나가는 사람이었다고 들었다. 그가 오더니 재고의 일부를 반출해 갔다. 필요해서 그런 거니까 걱정하지 말라며 반출증도 주지 않고 업자와 함께 물건을 실어갔다. 이런 일은 이후에도 가끔 벌어졌다. 영업팀장은 업자와 짜고 물건을 빼돌려 팔고 있었다. 그러던 어느 날 본사 관리팀에서 재고 조사를 나왔다. 당연히 재고 수량이 맞지 않았다. 재고가 맞지 않는 이유를 사실대로 얘기했다. 본사에서 물건을 실어갔기

때문에 다 알고 있으리라 생각했다. 몇 달 후 회사에서 전화가 와서 다른 일을 알아보라고 한다. 재고가 자주 분실되어서 새로 젊은 창고지기 직원을 뽑았으니 그 친구에게 인수인계를 해주라고 한다. 나중에 알고 보니 그 직원은 본사 영업팀장의 사촌 동생이었다. 억울한 마음에 누군가 만나 영업팀장의 이런 비리를 알리고 따지고도 싶었지만 어디 가서 누구에게 하소연을 해야 할지 방법이 생각나지 않았다. 회사가 원망스러웠고 지금까지 바보같이 살아온 자신이 원망스러웠다. 그러던 중 입고된 지 오래된 재고가 눈에 들어왔다. 회사 모르게 처분할 수 있겠다는 생각이 들었다.

만약 이 직원이 당신 회사의 창고 관리 담당이라면? 당신이 창고를 방문했을 때 평소에 그 창고 담당 직원에게 불편한 점이 있는지, 일하기 어려운 점이 있는지를 물어보았다면 이러한 일들이 벌어지고 있는 사실을 사전에 알 수 있었을 것이다. 급여를 담보로 대출해 줄 수도 있었을 것이다. 항상 직원들과 소통을 하려고 노력해야 한다. 그들의 고민과 아픔을 알아야 한다. 그래야 그들로부터 회사 내 숨어 있는 진실을 들을 수 있다. 경영자들은 회사의 너무 좋은 면만을 보려고 한다. 불편하고 잘못된 것들은 차라리 모르고 지나치는 것이 속 편하기 때문이다. 하지만 이런 부분들에 대해서 더 눈을 부릅뜨고 직시해야 한다. 회사 내부에서는 너무나 많은 일들이 실시간으로 벌어지고 있다. 하지만 수면 위는 아무 문제없는 듯이 잠잠하다. 대부분의 문제들은 수면 밑에서 이뤄지고 있기 때문이다. 관심을 가지고 물속에 머리를 집어넣고 보지 않는 한 절대 보이지 않는다. 문제가 커져서 수면 위로 올라오게 되면 이미 늦는다. 이런 일을 막기 위해서는 직원들과 항상 소통해야 하고 그들의 아픔을 들을 줄 알아야 한다.

직원들과의 소통은 1:1로 해야 한다. 직원 여러 명을 한꺼번에 불러 식사하는 것은 큰 의미가 없다. 그런 자리에서는 소외되는 직원이 또 나오기 때문이다. 약속이 없는 점심시간을 활용해서 꼭 한 명씩 불러 식사하는 것이 좋다. 직원의 이름을 불러 주고 불편한 점을 물어보아라. 그리고 도와줘야 한다. 일정상 어렵다면 간단한 차 한잔도 좋다. 대신 한 명, 한 명과 개별로 소통하는 성의를 보이고 정성을 쏟아야 한다. 이것이 바로 직원들과 제대로 소통하는 방법이다. 직원들 한 명, 한 명의 생각을 모르고서 회사의 실상을 제대로 파악하고 있다는 생각은 오산이다.

율곡 이이는 36의 나이로 청주 목사가 되자 거리 곳곳에 "억울한 일이 있는 사람은 언제든지 나를 찾아오시오. 도민이 잘살기 위한 좋은 의견을 가진 사람도 언제든지 나를 찾아오시오. 나와 함께 이야기합시다. 관청에서 내가 쓰는 곳은 우리 도민들을 위한 사랑방으로 열어 놓았습니다. 그러니 다들 오셔서 큰일이든 작은 일이든 나와 함께 의논합시다."라고 붙였다. 그 결과 황해도와 청주는 조선에서 가장 살기 좋은 착한 마음과 아름다운 행실이 넘쳐나는 곳이 되었다. 소통은 청결한 착한 조직을 가능하게 해준다.

5단계: 반드시 퇴직 면담을 실시하라

당신은 직원들이 회사를 그만둘 때 면담을 하는가? 아직까지 하고 있지 않다면 반드시 해야 한다. 오래 근무한 직원은 당연하고 계약직이나 아르바이트생까지도 회사를 그만둘 때는 반드시 시간을 내서 최소한 차 한잔이라도 해라. 면담을 하면서 퇴직을 하게 된 이유, 일하면서 힘들었던 일이나, 회사에 바라는 점 등에 대해 물어봐라. 아마도 숨겨진 많은 이야기들을 들을 수 있을 것이다. 회사의 진짜 문제점을 대부분 알 수 있다. 회사를 떠나는 직원들은 더 이상 회사나 상사의 눈치를 볼 이유가 없어 다른 누구보다 더 솔직하게 본인의 생각을 얘기할 수 있기 때문이다. 마지막으로 직원들 중에 부정을 저지르거나 나쁜 짓을 하는 직원이 있는지 반드시 물어봐라. 그런 직원이 있다면 내용을 들을 수 있다. 아무런 얘기를 듣지 못한다 하더라도 그 직원은 당신이 보여 준 관심에 두고두고 기억할 것이다.

모 회사 관리팀에서 3개월간 아르바이트를 하고 퇴직한 직원을 만나 퇴직 이유를 물어보다 그 회사 관리팀장의 부정이 밝혀진 사례도 있다. 관리팀장은 그 아르바이트생에게 정해진 급여보다 더 많이 지급하고 차액을 자신에게 반납하게 했다. 즉 아르바이트생이 받을 급여가 70만 원일 경우 하지도 않은 야근, 휴일근무를 한 것처럼 하고 아르바이트생 통장으로 120만 원을 지급한 후 그 중 50만 원을 찾아오게 해서 돌려받아온 것이었다. 관리팀장은 아르바이트생에게 회사가 부서 회식 경비를 충분히 주지 않아 어쩔 수 없이

하는 것이라고 얘기했다고 한다. 하지만 나중에 확인해보니 실제는 본인의 뒷주머니를 채우는 것에 불과했다. 관리팀장은 수년 전부터 아르바이트생들을 이용하여 횡령을 해왔다.

직원이 퇴직 의사를 밝힐 경우 반드시 퇴직 면담을 해야 한다. 회사의 숨겨진 문제를 파악할 수 있는 가장 중요한 순간이라고 생각해라.

6단계: 감사 조직을 갖춰라

영국의 프리미어리그는 말 그대로 프로 축구의 전쟁터이다. 프리미어리그의 20개 팀 중 최하위 3개 팀은 다음 시즌에서 2부 리그로 자동 강등된다. 그리고 2부 리그의 상위 2개 팀과 3위에서 6위까지 겨룬 플레이오프의 승자 한 팀이 1부 리그로 승격되는 방식이다. 최고의 선수들로 이루어진 프로 구단들이 2부 리그로 강등되지 않기 위해 또 1부 리그로 승격하기 위해 죽기 살기로 싸우는 각축장이다. 이 경쟁 시스템으로 인해 영국 프리미어리그는 전 세계에서 가장 많은 사람이 시청하는 스포츠 리그이자, 가장 많은 돈을 벌어들이는 축구 리그가 되었다. 축구는 골프와 같이 개인 역량에 좌우되는 스포츠가 아니다. 조직력이 매우 중요한 스포츠이다. 따라서 현대의 기업 경영과 비슷한 면이 많이 있다. 과거 박지성 선수가 소속되어 우리가 너무나 잘 알고 있는 맨체스터 유나이티드. 이 팀이 과거 100년의 역사 동안 단 한 번도 리그 우승을 해보지 못한 클럽이었으며 선수들이 술을 마시고 경기를 자주해서 주정뱅이 클럽으로 불렸던 팀이었다는 사실을 아는 사람은 많지 않다. 실적 저조로 1부 리그 강등 위기에 처한 이 팀에 어느 날 퍼거슨 감독이 취임한다. 이후 리그 30회 우승이라는 전무후무한 기록을 세운다. 어떻게 이런 일이 가능할까? 퍼거슨의 별명은 헤어드라이어이다. 선수들의 잘못된 행동을 경기장에서 질책하는 모습이 헤어드라이어에서 뜨거운 바람이 나오는 것과 비슷하다는 이유로 붙여진 별명이다. 그는 팀 내에 강한 규율을 세우고 그 규율을 무슨 일이 있어도 지키는 것으로 유명하다. 연습에 불참하여 규율을 어긴 스타 선수 베컴을 방출한 일은 유명하다. 이것만 보았을 때 퍼거슨의 조직 관리 방식은 법치주의에 가깝다. 하지만 베컴, 호나우두 등 대부분의 선수가 아직도 퍼거슨을 아버지처럼 따르고 존경한다. 왜일까? 그에게는 헤어드라이어 같은 엄격함 외에도 선수들을 끝까지 보호하는 따뜻한 마음이 있기 때문이다. 아무리 유명한 선수라 하더라도 팀과 조직을 해치는 경우 가차 없이 방출하기도 하지만 선수들이 위기에 처했을 때는 철저히 선수들의 편에 서서 자기 선수들을 보호했다. 선수들의 사생활 관련하여 좋지 않은 기사가 나왔을 때도 철저하게 방패막이가 되어 주었다. 관중석을 향해 쿵후 킥을 날린 에릭 칸토나나, 처제와의 불륜으로 언론의 질타를 받은 라이언 긱스, 2010년 월드컵에서 루니의 퇴장을 은밀하게 주도하고 윙크까지 하던 호날두가 팬으로부터 비난을 받을 때도 이들을 지켜준 것은 바로 그였다. 한국 축구를 월드컵 4강으로 이끈 히딩크는 어떠한가? 그는 연습 때 성실히 뛰지 않는 선수는 그가 아무리 스타플

레이어라 하더라도 그라운드에 내보내지 않는 것으로 유명하다. 강력한 정신력과 체력을 선수들에게 요구하며 팀 내 경쟁을 유도하여 조직력을 살린 카리스마가 있는 감독이다. 하지만 그의 따뜻한 마음씨는 박지성, 이영표 선수들과의 관계 등으로 충분히 알려졌다.

역사적으로 볼 때 국가나 조직을 성공적으로 운영하고 관리하기 위해서는 인본주의가 중요하다는 주장과 법치주의가 효과적이라는 주장이 대립되지만 둘 중 하나만으로는 지속 성장하는 성공적인 기업이 되기는 어렵다. 둘 다 필요하다고 생각한다. 퍼거슨 감독이 호되게 질책하는 것과 같은 소금 같은 역할이 없이 임직원들을 사랑으로만 보듬는 기업은 직원들의 응집력과 조직력을 만들어 낼 수 없다. 임직원들이 공과 사를 구분하고 회사 업무에 충실하고, 회사의 기준을 준수하려고 하는 마음 자세는 인본주의에 입각한 관리만으로는 만들어지지 않는다. 신상필벌은 조직에서 매우 중요한 부분이다. 공적이 있으면 그에 따라 상을 주고 과오가 있으면 역시 그것에 맞게 벌을 주는 것이다. 그래야 조직의 기강이 선다. 공적이 있어도 대가를 주지 않고, 과오를 범해도 벌을 받지 않는다면 조직 구성원들은 제멋대로 행동하게 되고, 규율이나 질서가 모두 무너지게 된다. 민간 기업에서 이런 신상필벌의 역할을 하는 부서가 바로 감사팀이다.

사내에 감사조직을 만들어라. 대부분의 중소기업에서는 현실적으로 쉽지 않은 얘기라는 것을 안다. 외국의 경우 감사팀의 역할을 대신해 주는 제3자 감사 컨설팅회사 들이 다수 있지만 아직까지 우리나라에서는 찾아보기 힘들다. 언스트 앤 영(Ernst & Young), KPMG 등 일부 글로벌 컨설팅회사들이 이러한 부정감사 컨설팅 서비스를 일부 제공하기는 하나 국내에는 활성화되어 있지 않은 실정이다. 그렇다고 낙담할 필요는 없다. 사정이 여의치 않다면 굳이 감사팀을 만들지 않아도 된다. 사장이 직접 감사팀장의 역할을 자처해라. 그리고 직원들로부터 가장 신임을 받는 젊은 직원들을 선발해서 사내 옴부즈맨으로 지정해라. 옴부즈맨은 본인의 업무를 하면서 동시에 부정과 관련된 직원들의 고충을 듣고 사장에게 직접 보고하고 필요시에는 부정 조사원으로 활동하는 업무를 부여하면 된다. 제보가 들어오거나 문제가 발생했을 때는 사장이 직접 옴부즈맨과 함께 조사를 해라. 어차피 직원들의 문제는 사장의 문제다. 그리고 부정 사실이 확인되고 나면 앞으로 재발되지 않도록 프로세스를 바꾸고 내부통제장치를 만들어라. 부정을 없애는 완벽한 장치는 없다. 하지만 제대로 된 내부통제장치는 많은 부정을 걸러낼 수 있다.

7단계: 직원들을 교육시켜라

청결한 조직을 만들기 위해 빼놓을 수 없는 것이 임직원의 부정 예방 교육이다. 교육은 사장 또는 감사팀원이 직접 대면 강의를 하는 것이 가장 좋다. 하지만 사정이 여의치 않을 때는 애니메이션 등 동영상을 통한 온라인 강의도 활용할 가치가 있다. 부정 예방 관련 교육 자료에는 크게 다음과 같은 4가지 콘텐츠가 들어가 있어야 한다.

첫째는 회사가 규정하고 있는 부정의 정의이다. 이 부정의 정의는 회사마다 조금씩 다를 수 있다. 어느 경우이든 회사가 금하고 있는 임직원 부정행위에 대해 명확하게 먼저 설명이 되어야 한다. 주로 클린 조직 만들기 1단계에서 만든 클린 선언과 2단계에서 만든 임직원 클린 가이드라인에 대한 설명으로 볼 수 있다.

둘째는 부정의 폐해에 대해서 알려 주어야 한다. 부정이 발생했을 때 직원 개인은 직장을 잃거나 가족, 직장 동료들로부터 외면을 당하는가 하면 심지어 법적 조치를 당할 수 있다. 회사는 대외 이미지 추락, 부정 손실로 인한 경영 악화, 심지어 회사가 문을 닫을 수도 있다는 등의 콘텐츠가 들어가 있으면 좋다

셋째는 부정 사례 교육이다. 언론이나 신문지상에 나타난 횡령이나 뇌물 사고 사례를 들어서 설명하거나 과거 회사에서 발생한 사례가 있다면 행위나 방법, 그 결과 등을 구체적으로 알려 주어라.

마지막으로는 부정이 발생했을 때 임직원들이 어떻게 행동해야 하는지를 알려 주어야 한다. 회사의 핫라인을 이용하여 제보하거나 옴부즈맨, 감사팀원을 통해 제보해 줄 것을 알려라.

추가로 인생을 어떻게 살아가는 것이 좋은지에 대해 고민 할 수 있는 내용이 들어가면 더 좋다. 부정 교육이 단순히 회사의 기준을 알려 주고 어떻게 행동할 것을 주지시키는 교육에서 끝나지 않고 인생의 방향, 삶의 목적, 가치 등에 대해서 직원들에게 도움을 주는 교육으로 발전시킨다면 효과는 배가 된다.

부정 예방 교육 대상자는 물론 전 직원이다. 회사 임원에서 청소부까지 회사에서 급여를 받는 직원은 모두 대상이다. 특히 회사에 신규 입사한 직원의 경우 교육의 가장 첫 시간에 부정 예방 교육을 배정해야 한다. 다른 직무 교육보다 가장 우선한 교육이 되어야 한다. 모든 일에는 첫인상이 중요하다. 그래야 이 회사는 뭔가 다르다는 생각을 하게 되고 이 회사에 들어오길 잘했다는 생각까지 든다. 깨끗한 조직을 지향하는 회사를 싫어할 직원은 없기 때문이다. 회사에 새로 입사한 직원들에게 이러한 생각이 각인되면 업무할 때 행동을 주의하게 된다.

8단계: 수시로 확인하고 비정기적으로 점검하라

누군가 지켜보고 있다는 상황에서는 범죄 발생률이 현저히 떨어진다. 강남구청은 2004년 강남구 골목길 등에 CCTV를 시범 운영한 결과 5대 범죄가 전년 대비 37% 감소했고, 강절도 사건은 41%가 감소했다고 발표했다. 사람의 눈 그림만 있어도 우리의 행동은 달라진다. 영국 뉴캐슬 대학 연구팀은 대학 구내 식당에 커피, 음료 등을 판매하는 무인 판매점을 설치했다. 학생들이 각자 물건을 고르고 해당하는 금액을 무인 판매대의 돈 넣는 상자에 넣게 했다. 돈 넣는 상자 위 메뉴판에 한 주는 꽃 사진을 붙이고 그 다음 주는 사람의 두 눈 사진을 붙였다. 주별 판매액을 비교한 결과 눈 사진이 있을 때가 매상이 2.7배나 올랐다.

회사가 수시로 점검하고 확인하지 않는다면 부정 사고 발생을 방치하는 것이다. 반드시 점검해야 할 핵심 항목을 선정하고 누가 점검하더라도 어느 정도 신뢰성 있는 점검 결과를 얻을 수 있도록 점검 방법이나 절차를 체크리스트화 해놓아라. 그리고 수시로 비정기적 점검을 해라. 날짜를 정해 놓고 하는 정기 점검은 소용이 없다. 정기 점검은 부정을 저지른 직원에게는 사전에 준비할 시간을 주는 꼴이며 성실한 직원들에게는 소중한 업무시간만 뺏는다. 점검은 반드시 비정기적으로, 그것도 불시에 해야 한다. 언제 점검을 할지 모르기 때문에 부정을 저지르는 직원 입장에서는 상당히 부담스러울 수밖에 없다. 특히 재고 점검의 경우 창고 등 출입 키를 평소에 여분으로 보관하고 있어서 점검 시 창고 담당자가 없더라도 즉시 창고에 들어갈 수 있도록 준비되어 있어야 한다. 반드시 최소 연 1회 이상은 점검을 해야 한다. 직원들에게 회사가 언젠가 한번은 점검한다는 생각이 들게 해야 부정 예방 효과가 크다. 또한 점검 결과 문제가 있는 경우는 반드시 원인 규명에 들어가야 한다. 문제가 있는데 보고만 하고 아무런 조치가 없다면 역시 형식적인 점검으로 끝나게 된다.

9단계: 클린 문화를 구축하라

미국의 모 대학 남학생들을 대상으로 왼쪽 막대와 길이가 같은 것을 오른쪽에서 골라 큰소리로 대답하게 했다.

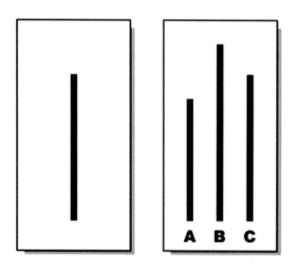

누구나 정답이 C라는 것을 알 수 있다. 하지만 사전에 7명의 학생에게 무조건 B를 선택하도록 모의를 했다. 이 실험은 맨 마지막 8번째 학생이 무엇을 선택하는지 알아보는 실험이었다. 실험 결과 8번째 학생의 약 75%가 정답은 B라고 앞 7명 학생의 대답을 따라했다. 이들에게 종이를 나눠 주며 정답을 적으라고 했을 때는 모두 C라고 적어냈다. 솔로몬 애쉬(Solomon Asch) 박사가 한 이 실험은 사람이 대중들의 의견을 따르고자 하는 심리를 잘 보여 주는 실험이다. B라고 대답한 학생들은 크게 두 부류로 나뉜다. 한 부류는 처음에 정답이 C라고 생각했지만, 대다수가 B라고 하니 대다수 의견이 맞고 본인이 잘못 생각했을 거라는 생각에 B를 선택하였고 나머지 한 부류는 본인의 생각이 맞지만 대중으로부터 소외되고 싶지 않아 그냥 B라고 따라 대답한 부류이다. 회사 내에 있는 직원들이 이 실험의 대학생이라고 생각해 보자. 회사의 상사나 동료들 대다수가 야근을 하지 않고도 야근 수당을 청구해 가는 문화가 팽배하다면 성실한 직원도 따라 할 가능성이 75%가 된다. 애쉬의 실험처럼 원래 이렇게 해야 하는 거라고 생각하거나 또는 조직에서 왕따가 되고 싶지 않아서 부정을 따라 하게 된다. 반대로 회사가 청결한 비즈니스를 하고 대부분의 직원들이 청결한 행동을 하는 조직이라면 과거에 다른 회사에서 부정을 저질렀던 직원도 대다수 직원들의 행동을 좇아 청결한 행동을 하게 된다. 따라서 회사의 조직 문화가 중요하다. 청결한 조직 문화가 만들어지면 그 자체로서 강력한 부정 예방 효과가 있다. 왜냐하면 그때부터는 부정을 저지른 직원이 조직의 왕따가 되기 때문이다.

이러한 조직 문화를 새롭게 만들기 위해서는 첫째, 경영자의 주도적인 목소리와 참여가 가장 우선이다. 청결한 문화는 위에서부터 아래로 내려오는 Top down 방식으로만 형성될 수 있다. 세상 어디에도 사원들이 청결한 문화를 만들어서 최고 경영자가 따라서 바뀌는 경우는 없다. 사장이 솔선수범해서 먼저 바뀌어야 한다. 그리고 나서 직원들에게 바뀔 것을 요구해야 한다.

둘째, 단기간에 조직의 습관을 만들어라. 과거의 관습은 좀처럼 바뀌지 않는다. 과거와 다른 새로운 문화가 자발적으로 형성될 때까지 기다릴 시간은 없다. 조직 문화를 새롭게 만들기 위해서는 철저한 계획하에 의도적으로 혁신을 해야 한다. 혁신은 혁명과도 같다. 단기간에 이루어야 성공한다. 최단기간에 변화를 만들고 이 변화를 습관으로 정착시키는 데 더 노력해야 한다. 그러기 위해서는 뭔가 달라질 수 있는 계기가 필요하다. 회사 기준을 지키지 않은 고위 경영진을 해고하는 등의 충격요법도 좋다. 실천으로 보여줘라. 백 번 말하는 것보다 한 번 행동으로 보여 주는 것이 더 효과가 크다. 실제 글로벌 금융 회사들의 경우 내부 고객 정보를 단 한 건이라도 개인 이메일로 외부에 보낸 것이 확인되면 그 즉시 해고다. 고객 정보를 보호해야 한다고 말로 수백 번 강조하는 것보다 단 한 번의 해고가 효과가 더 크다. 이러한 일련의 계획을 통해 부정과 타협하지 않는, 부정을 용서하지 않는 조직의 습관을 만들어라.

셋째, 문화는 단순해야 한다. 복잡하고 자세한 체크리스트로 문화는 만들어지지 않는다. 단순한 단 하나의 원칙으로 접근해야 한다. 우리는 종종 잔기술에 빠져 큰 뜻을 잊어버리는 경우가 많다. 삶을 관통하는 단 하나의 원칙. 성공의 핵심에는 항상 '단 하나'가 자리 잡고 있다. 바로 그 단 하나가 탁월한 성과를 이끌어내는 시작점이다. 모든 것을 다 아우를 수 있는 단 하나의 원칙이나 표어를 만들어라. 그리고 직원들에게 이 원칙에 동참시켜라.

넷째, 직원들이 함께하지 않는다면 문화는 만들어지지 않는다. 손자병법에 보면 상산이라는 산에 사는 솔연이라는 영원히 죽지 않는 뱀에 관한 이야기가 있다. 솔연은 머리를 때리면 꼬리가 공격을 하고 꼬리를 때리면 머리가 공격을 해오며 몸통을 때리면 머리와 꼬리가 함께 달려들기 때문에 제아무리 용맹한 사람이라도 그 뱀을 도저히 당해내지 못해 결국 죽지 않는 불사의 뱀이 되었다. 부정을 대하는 직원들의 마음자세가 솔연과 같아야 한다. 부정은 범죄다. 부정을 대하는 인식의 전환이 필요하다. 부정은 엄연히 범죄라는 인식으로 사장과 직원들이 솔연처럼 인화단결하여 함께 부정을 없애려는 노력이 필요하다. 그리고 가장 적극적으로 실천하는 부서에게는 상을 줘라.

10단계: 클린 컴퍼니로 탈바꿈하라

고객, 투자자 및 직원들이 다 같이 좋아할 뿐만 아니라 회사 수익이 두세 배 늘어날 수 있는 제품이 사내에 있다면 당신은 어떻게 하겠는가? 대부분의 회사들은 사내에 이런 제품이 있다는 사실을 깨닫지 못한다. 이 제품은 만들기도 쉽고, 폐기물도 없을 뿐만 아니라 수천 명의 고객들이 매력을 느끼는 제품이다. 이러한 매직 제품이 바로 '도덕(Ethics)'이다.

기업의 도덕성이 기업 경영에 실질적인 도움이 안 되는 허울 좋은 문구일 뿐이라고 주장하는 사람들이 있다. 또한 도덕성을 그저 연말 결산보고서를 보기 좋게 꾸미는 데 필요한 포장 정도로 생각하는 CEO도 많다. CFO나 재무담당은 투자수익률을 계산할 수 없으므로 도덕성에 대한 투자는 수익을 내는 이익 센터(Profit Center)가 아니라 비용만 들어가는 코스트 센터(Cost Center)로 여긴다. 과연 그럴까?

The Institute of Business Ethics의 최근 리서치에 의하면 도덕성을 중시하는 기업이 그렇지 않은 기업보다 월등한 경영 성과가 나타난 것으로 확인되었다. 영국에서 1997년부터 2001년까지 5년 동안 대기업을 대상으로 기업의 도덕성과 기업 재무 성과를 연구한 결과에 의하면 도덕성 원칙이 수립되어 있고 기업의 도덕적 행위를 선언한 기업들이 그렇지 않은 기업보다 기업 성공의 4가지 재무지표가 모두 우수한 것으로 나타났다.

이 4가지 재무지표는 'EVA(Economic Value Added)', 'MVA(Market Value Added),' 'PE Ratio(Price/Earnings ratio)', 'ROCE(Return of Capital employed)'로 이중 EVA는 도덕성의 원칙을 채택한 기업이 그렇지 않은 기업보다 4년 동안 월등히 우세했으며 MVA는 갭이 더 크게 벌어졌다. PE Ratio는 도덕적 기업이 다른 기업보다 훨씬 낮았으며 ROCE의 경우 1997년부터 1999년까지는 도덕적 기업이 더 낮게 나타났으나 1999년부터 2001년까지는 전세가 역전되어 월등히 우세해졌다. 결국 재무 성과가 모두 우수한 것으로 나타났다. 또한 도덕성의 원칙을 가진 기업들의 이 수치들은 오늘날 영국에서 가장 존경받는 기업으로 선정된 회사들의 평균 수치보다 더 높게 나타났다.

기업의 도덕성을 고객들은 어떻게 생각할까? 과연 도덕성이 고객을 끌어들이는 요소가 되는가? 리서치 회사인 GfK NOP이 영국, 미국, 프랑스, 스페인과 독일 내 5천 명의 소비자를 대상으로 설문 조사를 한 결과 도덕적인 기업이 제공하는 상품과 서비스를 그렇지 않은 기업의 상품과 서비스보다 5~10%의 프리미엄을 주고서라도 구매하겠다고 한 소비자가 30%가 넘었다. 2003년도 조사에 의하면 미국과 유럽의 소비자들의 80%는 노동과 환경 관련 평판이 더 좋은 회사의 제품과 서비스를 구매하겠다고 한 것으로 밝혀졌다. 또한 Elderman Trust Barometer사가 2007년 조사한 결과에 의하면 캐나다 소비자들의 86%는 그들이 믿지 않는 비도덕적인 회사의 제품과 서비스를 구매하지 않겠다고 했으며 85%의 설문 응답자는 그들이 알고 있는 비도덕적인 회사에 대해 나쁜 얘기들을 실제 퍼트리고 있다고 답했다. 1997년 나이키의 신발과 옷을 만드는 공장이 열악한 환경에서 노동력을 착취하고 있다는 뉴스를 보고 분노한 시민들은 나이키 제품을 보이콧하겠다고 협박했다. 나이키사는 스스로 자사의 이러한 행위들을 맹렬히 비난하면서 관련 협력업체들과 계약을 타절하고 해외 업체를 위해 세계 최고의 점검과 감사 프로그램 등을 만들어 그러한 일이 더 이상 발생하지 않도록 하겠다고 발표했다. 시장에서 가장 선호도가 높은 브랜드인 나이키사가 왜 이런 발표를 하게 되었는지 생각해 볼 필요가 있다. 이러한 내용은 도덕성이 회사의 제품, 가격, 선호도에 중요한 영향을 미치는 요소임을 명백히 보여준다. 고객이 달라졌다. 무조건 싸고 품질 좋은 제품만을 만들어 팔면 되는 시대는 지났다. 이렇게 급변한 소비자 세대의 충성도와 관심을 받기 위해서는 회사들은 최대한 빠른 시일 내에 그들의 제품에 도덕성을 집어넣어야 한다.

그렇다면 기업의 도덕성을 투자자들은 어떻게 받아들일까? 투자자들은 이익만 얻을 수 있다면 기업의 도덕성에 대해서는 별로 개의치 않는다고 생각할까? 스푸마 라오(Spuma M. Rao) 박사와 제이 브룩 해밀턴(J. Brooke Hamilton) 박사는 그들의 연구 결과를 통해 기업의 도덕성과 수익성 간에 통계적으로 중요한 연관성이 있다는 것을 밝혀냈다. 5년 동안 월스트리트 저널에 부적절한 스캔들이 기사화된 57개의 대형 상장사를 선정하여 하여 관련 사건들을 뇌물, 임직원 차별, 환경오염, 내부 주식 거래, 법규 위반의 5개 항목으로 분류하고 통계 분석을 한 결과 부도덕한 행위를 한 회사들의 주식 가치가 그 회사의 실제 경영 실적과 관련한 주식 가치보다 현저히 낮다는 사실을 발견했다. 또한 회사와 관련된 부도덕한 행위들이 발견되거나 언론에 발표된 경우에는 오랫동안 주가에 부정적으로 반영된다는 사실도 확인되었다. 쉽게 얘기하면 투자자들은 회사의 파울플레이를 읽는 순간 주식을 팔아 버린다는 얘기다. 또한 투자자들은 회사의 부도덕한 행동들을 오랫동안 용서하지 않는다는 것이다. 또한 Globe Scan사의 조사 결과에 의하면 미국인의 70%가 회사의 주식이나 펀드에 투자를 결정할 때 그 회사의 사회문제에 대한 공헌 여부가 중요한 결정 요소인 것으로 나타났다. 투자자들은 포춘지의 가장 '존경받는 기업(The Most Admired Companies)' 랭킹과 같은 사회적 책임을 지는 기업을 찾는다. 전 세계 투자자의 60%는 높은 투자수익을 준다 하더라도 사회적으로 무책임하게 행동하는 기업으로 여겨지는 회사의 주식은 팔겠다고 했다.

훌륭한 회사의 도덕성은 훌륭한 직원들을 끌어들이기도 한다. 2004년 CSR Reputation Effects와 MBA job Choice에서 공동으로 수행한 조사에서 MBA 학생들의 94%가 급여가 적더라도 경쟁사보다 기업의 사회적 책임이 더 큰 회사를 위해서 일하겠다고 했다.

도덕성은 종업원들의 생산성에도 영향을 미친다. 갤럽 조사에 의하면 직원들은 평균 하루에 1시간 정도 또는 일주일에 12% 정도 딴짓을 한다고 한다. 조직 생산성의 12% 손실은 금액으로 환산하면 년 수익의 2배에 해당하는 것으로 알려졌다. 보통의 회사들이 이런 수준이라면 비도덕적인 회사에서 근무하는 직원들의 경우는 생산성이 어떨까? 회사가 종업원들을 제대로 대우하지 않거나 사내에 도덕적, 양심적으로 일하는 문화를 만들지 못했다면 성실하게 일하는 종업원보다 비도덕적이고 비양심적인 불만을 가진 종업원들이 훨씬 더 많이 양산될 것은 뻔하다. 종업원의 생산성은 그들이 어떻게 대우받느냐에 따라 크게 달라진다. 시로타 컨설팅(Sirota Consulting)사의 최근 조사에 의하면 '도덕성이 높은 기업들은 직원들에게 공정한 대우를 해줌으로써 성취감과 회사에 대한 자긍심을 줄 뿐만 아니라 이것이 동료들과의 건전한 방향의 생산적인 관계를 형성해준다.'고 한다. 즉 도덕성은 직원들이 회사로부터 정당하게 대우를 받게 해주고 또한 직원들은 그 보답으로 높은 생산성, 고품질 작업, 낮은 퇴직률, 우수한 자질을 가진 직원들의 취업 등으로 보답한다. 이러한 이득들은 결국 회사의 고수익과 직결된다.

종합하면 도덕성은 기업의 재무 성과를 향상시키고, 고객의 로열티를 높이며, 투자자의 적극적 참여를 만들고, 훌륭한 직원들을 끌어들이며, 직원들의 만족도와 생산성을 높이는 일석 5조의 효과가 있다. 이러한 클린 컴퍼니가 되기 위해서는 어떻게 하면 될까? 이미 당신은 그 해답을 알고 있다.

| 참고 문헌 |

〈단행본〉

· 댄 애리얼리, 이경식 역, 『거짓말하는 착한 사람들』, 청림출판, 2012.

· 마야 보발레, 권지현 역, 『인센티브와 무임승차』, 중앙북스, 2013.

· 무라이 다다시, 이용택 역, 『횡령 이렇게 막아라』, 이너북. 2013.

· 마쓰시타 고노스케, 김상규 외 1명 역, 『마쓰시타 고노스케, 위기를 기회로』, 청림출판, 2010.

· 이민규, 『실행이 답이다』, 더난출판, 2011.

· 백승재 외 3명, 『공공기관 부정의 예방과 적발 어떻게 할 것인가』, 영화조세통람, 2011.

· 유관희, 『회계학 리스타트』, 비즈니스맵, 2010.

· 고미야 가즈요시, 김정환 역, 『1초 만에 재무제표 읽는 법-기본편』, 다산북스, 2010.

· 고미야 가즈요시, 김정환 역, 『1초 만에 재무제표 읽는 법-실전편』, 다산북스, 2010.

· 고미야 가즈요시, 김정환 역, 『1초 만에 재무제표 읽는 법-사례편』, 다산북스, 2011.

· Martin T. Biegelman & Joel T. Bartow, 『Executive Roadmap to Prevention and Internal Control』, Wiley, 2012.

· Peter R. Scott & J. Mike Jacka, 『Auditing Social Media』, Wiley, 2011.

· Mary-Jo Kranacher & Richard Reiley & Joseph T. Wells, 『Forensic Accounting and Fraud Examination』, Wiley, 2010.

· Josepth T. Wells, 『Corporate Fraud Handbook』, Wiley, 2014.

〈보고서, 언론 등 기타 자료〉

· 임상수, 「구글, 인사역량의 90%를 채용에 투자」, 『연합뉴스』, 2012.11.13.

· ACFE, Report to the Nations 2012 Global Fraud Study.

· ACFE, Report to the Nations 2014 Global Fraud Study.

· ACFE, Small Business Fraud Prevention Manual.

· ACFE, Fraud Related Internal Controls.

· Joanna Bale, 「When performance-related pay backfires」, 『LSE Article』, June 2009.
http://www.lse.ac.uk/newsandmedia/news/archives/2009/06/performancepay.aspx

· Jack W. Dorminey & Aaron Scott Fleming & Mary-Jo Kranacher & Richard A. Riley, 「Beyond the Fraud Triangle: Enhancing Deterrence of Economic Crimes」, 『CPA Journal』, July 2010, 16p.